灵芝小学邓熠家庭教育工作室三年来的研究成果

现代家庭教育的技巧和方法参考

亲子陪伴的有效途径

"林苒名教师工作室"
家庭教育研究成果

邓　熠
蔡广丽
贾　取／主编

吉林文史出版社
JILIN WENSHI CHUBANSHE

图书在版编目（CIP）数据

亲子陪伴的有效途径："林苒名教师工作室"家庭
教育研究成果 / 邓熠，蔡广丽，贾取主编. — 长春：
吉林文史出版社，2021.5
ISBN 978-7-5472-7749-2

Ⅰ.①亲… Ⅱ.①邓… ②蔡… ③贾… Ⅲ.①家庭教
育—教育研究 Ⅳ.①G78

中国版本图书馆CIP数据核字（2021）第091365号

亲子陪伴的有效途径："林苒名教师工作室"家庭教育研究成果
QINZI PEIBAN DE YOUXIAO TUJING LINRAN MINGJIAOSHI GONGZUOSHI JIATING
JIAOYU YANJIU CHENGGUO

主　　编：邓　熠　蔡广丽　贾　取
责任编辑：吕　莹
封面设计：言之凿
出版发行：吉林文史出版社有限责任公司
电　　话：0431-81629369
地　　址：长春市福祉大路5788号
邮　　编：130117
网　　址：www.jlws.com.cn
印　　刷：北京政采印刷服务有限公司
开　　本：170mm×240mm　1/16
印　　张：11.75
字　　数：212千字
版印次：2021年5月第1版　2021年5月第1次印刷
书　　号：ISBN 978-7-5472-7749-2
定　　价：45.00元

前　言

我们为什么要研究家庭教育

我们为什么要研究家庭教育？或者说，家长为什么要学习如何教育自己的孩子？这个问题，有很多思想家、教育家以及千千万万的家长都回答过，更多的答案是培养孩子成人成才，使其能够幸福地过完一生。然而能够回答的人多，真正付诸行动的人少。实际上，能够实行教育和能够接受教育这两种行为，是人类胜于其他生物的最大一项优势。因为这项优势，人生虽然短短几十年，人类却因为对于生存的本能所付诸的实践活动，获得更多的能力和生存技巧，温暖地对待世间万物，幸福地生活在自己的舒适圈里。

《淮南子·精神训》曰："天地运而相通，万物总而为一。" 1300多年前，学科开始形成，其目的是保留独特的知识认知体系。随着社会分工、行业分类的细化，教育为了适应社会发展、研究、管理的需要，以便做到研究更深入，管理更精细，开始对学校进行分类、分级，从分科、分课程、教育教学设备的运用、信息化教育的研究，到实验、作业、测试、实习等的辅助，都是让孩子成人成才的重要手段。

为了教育好下一代，人们的探索一直没有停止。然而就家庭教育而言，随着时代的发展，家长仅仅通过教育获得前人和他人实践中获得的知识并在接纳了这类知识的基础上往前走的过程，已经无法满足在信息化、科技化最前沿的深圳成长的孩子。随着社会的飞速发展，人的关系趋向网络化，孩子们接受的新信息和新事物远比家长来得更快、更直接、更宽泛，这使得孩子们在学习、语言、性格、人际交往等方面出现问题时，无法得到更好的参考答案。如何正确地处理各种复杂的人际关系，如何在人生道路上经历顺利或者艰难、成功或者挫折的考验，是孩子们面临的最大的难题。而更多的家长因为肩负着生活压力，在忘记教育自己的孩子的同时，也丧失了教育孩子的方法和能力。他们往往无法认清自己的育子目标，只会把目光放在一张张成绩单、一堆堆分数、一张更高一级的录取通知书上，待发现自己与孩子产生了沟通障碍时，才慌忙请教专家学者。

因此，教育学科必须要分出另一个课题：家庭教育。

苏霍姆林斯基说："我们的教育对象的心灵绝不是一块不毛之地，而是一片已经生长着美好思想道德萌芽的肥沃的田地。"作为教师，在发现并扶正学生心灵土壤的每一株幼苗并排挤掉缺点的杂草的同时，还要将通过自身的教育经验所收集到的教育技巧传达给家长，实现家校合作，发现孩子内心的财富，把孩子培养成真正的人。

"林莘名教师工作室"在区教育局的领导下，秉承"名师成长的摇篮、资源辐射的中心、师生对话的平台、教育科研的基地"的宗旨，不断完善管理机制，加强内部建设，促进工作室成员的迅速成长，努力提升名师团队的影响力与辐射力。而工作室成员邓熠老师，就是快速成长起来的名师之一。为了充分发挥其示范带动作用，2017年"灵芝小学邓熠家庭教育工作室"成立，成为"宝安区林莘名教师工作室"的联盟工作室。

"灵芝小学邓熠家庭教育工作室"成立以来，秉承"以爱之名，有效陪伴；以科学家教，树优秀家风"的工作室理念，以"在服务中成长，在研究中提高"为宗旨，遵守"学生为本、家长主体"的工作原则，充分尊重和保护学生的实际需求和权益，重视发挥家长的主体作用和影响。为了更好地服务于家庭教育，工作室通过搭建学习、交流、锻炼的平台，让更多的家庭教育指导师成长起来，成为家庭教育指导师成长的摇篮。随后，工作室研发了家长课程资源，并在此基础上，努力丰富家长的学习渠道，提高家长的家庭教育能力，最终达到让学生身心得到发展的目标。工作室成立后，努力提升工作室的品牌和特色，形成整体推进，共同提升家庭教育指导师和家长的家庭教育技巧水平，工作室主持人邓熠老师申报了宝安区教育科学"十三五"规划课题"小学阶段有效亲子陪伴的实践研究"，2017年立项课题，并在2020年申请结题。工作室成员在课题研究过程中，积累了大量的研究成果。

本书正是工作室主持人邓熠老师带领工作室成员蔡广丽、贾取，以及"灵芝小学邓熠家庭教育工作室"的其他成员，结合道德与法制、心理健康教育、中华优秀传统文化教育，对当下社会对家庭教育所侧重的亲子陪伴进行研究后，分别以"家教态度篇：读得到的书润家风""心理成长篇：看得见的沿途风景""学业指导篇：循得着的成长轨迹""阅读策略篇：闻得见的书籍芳香""家书家信篇：悟得了的绵绵长情"五个篇章，对三年来家庭教育的研究进行系列总结，并以家庭教育研究成果为形式，集结成书。书籍展现出"家风是基础，教育技巧是外象载体，家庭行为是具象成果"的特点，作者们旁征博引，深思熟虑，结合自己的实践研究，总结出新颖的家庭教育观点，尽量做到化解难题的实用性和与时俱进的时代性相结合，为现代家庭教育的技巧和方法提供参考。

著名现代教育家李镇西说过："尽管也许还会有碰撞，但素质教育这只世纪鲲鹏，毕竟已经顽强地起飞了！"而素质教育的背后，有一个强有力的支持者，那就是家庭教育。正在起飞的素质教育和正在行走的家庭教育，两者若是能双翼并飞，定能让每一个孩子在他的天赋所及的一切领域中，最充分地表现他们自己。

至于"我们为什么要研究家庭教育"这一问题，读者定能在书中找到答案。

在此，感谢灵芝小学对本书的大力支持。

林　茸

2020年8月10日

目 录

家教态度篇：
读得到的书润家风

如花在野

蔡广丽

点点野花在风中招摇，形形色色，各有美丽，各具风骨。这一年的插花工作，让我真正地体验到了"一花一世界，一叶一天堂"。在我看来，家庭教育，如同花艺。家庭教育最理想的状态，便是家长能如花艺师那般关注到每个孩子最美的状态，让每个孩子都"如花在野"吧！

高普尼克在《园丁与木匠》一书中说："从进化论的视角来看，学习、发明、创造乃至传承、文化道德等人类独有的能力都是在亲子关系中萌芽，这些能力是人类与其他物种的最大区别，可以说亲子关系让我们成为真正的人类。"《礼记·大学》中亦言："其家不可教，而能教人者，无之。"这些，都告诉我们家庭教育的重要性。

赏花。人类本质中最殷勤的需求就是渴望被肯定。正如田中昭光的《如花在野》一书所说，或摇曳生姿，或清爽宜人，或花或叶，都充溢着最原始美丽的力量，都能带来幸福和感动。家长要善于研究自己的花，以帮助孩子张扬个性，发挥潜能。另外，要用审美的眼光去审视孩子，挖掘其价值，扬长避短，拓展其发展空间，促进其健康发展，尽自己所能，让每个孩子都能找到自己最美的姿态，傲然绽放。

率花。宋庆龄说过："在一个恶人的身上留下不磨灭印记的是家庭。"家长要想让孩子信服，就必须在一言一行中给孩子做出表率。我们经常能在孩子身上发现家长的样子，除了遗传基因，最关键的还是家长的言谈举止对孩子的影响，这就是榜样的作用。因此，家长应该注意在孩子面前展现积极进取的精神、高尚的情操、优秀的品质。遇到优秀的家长才真正是孩子一生的福气。

伴花。曾经有人告诉我，若我们伴在花旁，不断地关注它、相信它、鼓励它，花儿可以感受到我们的力量，更灿烂地成长，这有点类似《水知道答案》一书中的情节。连自然界的物体都可以有这样的效果，人就更不言而喻了。陪伴孩子是父母不可推卸的责任，孩子的良好品质不能只从书上习得，更是来自父母的言传身教、以身作则。所以希望家长们无论多忙，都要抽出时间陪伴孩子，给予孩子爱的营养。

容花。花的种类太多，要做到颜色和谐、各有灿烂又统一协调，就必须宽容每一朵"花"，寻找每一朵"花"的最佳状态。孔子曰："人非圣贤，孰能无过。"家长要以宽容的态度对待孩子，要尊重孩子的人格，换取他们的安全感及信任，这样一来，孩子自然不抗不拒，向我们打开心扉。

修花。一个好的园丁一定是舍得修剪花木的，剪掉不恰当的地方，留下最美的方向。家长不也类似园丁吗？不同孩子之间个体差异很大，家长首先要看到孩子的闪光点，从其优秀方面入手，将缺点导出，这样孩子才愿意接受教诲，改正不足。要相信，好孩子是夸出来的。

插花。花艺师在插花时必须考虑花与花之间的颜色搭配是否美观；其他花是否可以衬托出主花的特色；每一枝花是否是它最美的姿态，就如花儿在原野上开放；花儿是否以形传神，形神兼备，以情动人。这样才能创作出优秀的作品，流风遗韵。家长在对孩子的教育上也应像花艺师这样，考虑到孩子的个性化成长；考虑到兴趣爱好的发展；考虑到什么为主，什么为辅；考虑到如何发挥孩子的优势及长处，如何修正孩子的短处，从而培养出德才兼备的好孩子。

做家长的，要像园丁、像花艺师，给孩子打造一个适宜的生态环境，阳光、雨露、空气、土壤，让每个孩子都能绽放最美的自己，如花在野。

结语：花要插得如同在原野中开放，人要育得如花儿般绽放灿烂。

家，让孩子做回自己

贾取

家庭是孩子心理成长的摇篮，孩子早年的生活经历染就了他们人格成长的底色；看似平常的家庭生活包含着丰富的亲子教养内容；生命的成长是家长与孩子共同度过的人生历程。

但我们常常听到这样的对话：

"你看××家孩子，学习上从来都不用家长发愁！"

"国际象棋省赛金牌！"

"钢琴考级早就过了！"

"小主持人金话筒奖又捧回来了！"

"再看看你……看看你……看你……你……"

从2018年的"牛蛙之殇"，到2019年海淀家长和顺义妈妈的焦虑，再到最近火爆剧圈的《三十而已》中披露的妈妈的教育焦虑……面对社会的快速发展，无论童叟、不管老小，都铆足了劲儿往前冲。面对如此高强度的竞争，难免焦虑，孩子亦然。然而在一味追求学业光环时，千万别忘记，培养孩子的健康心态也是极有必要的。因为知识经验的积累可以通过时间来循序渐进地沉淀，但是阳光向上的心理特质却是有其黄金培育期的，而且只有情绪稳定、心态健康的人，才有足够的心理弹性去应对未来各种未知的挑战。

百舸争流是社会进步的客观产物，我们无法影响这些既成事实的社会现象，但我们可以"我的情绪我做主"。

竞争和快乐并不是非此即彼的仇家。当竞争的压力越来越大，各类心理问题渐渐低龄化的时候，作为父母，如何让孩子获得更多快乐、积极的正面情绪，并使孩子养成积极向上的心理品性？

一、自己家的孩子，别人家的父母

"看看我家的孩子，这次调研又比上次进步了！写字也是越来越漂亮了！坐姿也很端正！看电视的时间越来越短了！主动要求练钢琴的次数越来越多了！"

关于情绪调控，有一个实操性很强的策略：撕下语言的消极标签。

同样是说教激励，经过语言表述的转换，带给听众的感受却是截然不同的。因此，很多时候，父母可以换个立场，在即将崩溃发飙时一定要在心里默念数遍"这是我自己的、亲生的孩子"，在快要暴跳如雷时一定要反复提醒自己"我要像别人家的父母那样来看待我娃"。

二、调节情绪是亲子双方的事

这个标题是直接借用了《成就孩子的成长：来深建设者子女心理关爱》一书的第70页，当时读到这一页时，我就想到了之前接待的一个咨询案例，简单介绍一下案例背景：

来访者是五年级的男生，在学校里因为经常与同学大打出手而被班主任老师推荐到我这里来，在咨询过程中了解到"爷爷经常对奶奶大吼大叫的，爸爸一有不开心就对妈妈发脾气，还砸东西"。

这个案例反映的就是小学阶段很常见的一类心理问题——情绪调控不良，而且很明显，孩子的问题根源于家庭，因此培养孩子的良好情绪一定是亲子双方的事。我们常说，好父母胜于好老师，家长是孩子的第一任老师，家庭教育的重要性显而易见。这个案例中的孩子，在学校的暴躁行为是复制了家长的，那么家长就要以身作则，在家庭中建立良好的成员互动模式，让孩子学习正确的与人相处之道。

三、亲子陪伴，给足孩子安全感

都说家庭是避风的港湾，在家里，每个人都可以卸下面具，肆无忌惮地挥洒情绪。于孩子而言，家庭更是他们不必束手缚脚、顾虑重重的心理安全港，与家人相处更是孩子情感活跃流动的高峰期。对此，家长一定要加大陪伴力度，保证每天至少半小时的高质量陪伴，这样，孩子的幸福指数会非常高。而且在亲子陪伴的过程中，家长还可以对于孩子暴露的小瑕疵及时矫正，以便孩子养成良好的行为习惯。

发展心理学的经典实验之一——视觉悬崖实验当中有一个很令人动容的画面：两三个月大的婴儿，虽然也看到了远超自己能力的悬崖高度，但是在看到妈妈的笑容和行动后，毫不犹豫地就朝着妈妈的方向爬去。这份人类最原始的信任感，其实就是支撑我们披荆斩棘、攻克一道又一道人生难题的底气，因为，有安全感的爱，是人最基本的心理需要，是拥有魔力的，能让我们的孩子即便历尽沧桑，依然能葆有对人生的憧憬和期待。

结语： 幸运的人一生都在被童年治愈，不幸的人一辈子都在治愈童年。为人父母，愿我们都能从现在开始，就为孩子的未来注入更多积极的能量。

参考文献：

［1］王鉴.成就孩子的成长：来深建设者子女心理关爱［M］.深圳：深圳报业集团出版社，2018.

［2］AdeleFaber，ElaineMazlish解放父母解放孩子：快乐家庭氛围指南［M］.孙璐，译.上海：上海社会科学院出版社，2016.

电影中的家庭教育

邓 熠

《小孩不笨2》30分钟的简单的片段，每一句台词、每一个镜头、每一个表情都反映了深刻的家庭教育问题。

一、人总是想得到别人的认可、欣赏和赞扬

欣赏的目光和赞扬的话语，即使只是一个小小的动作，或微笑，或掌声，或首肯，都能给人以动力。成人如此，孩子亦然。片段中，我们看到，学谦将电脑修好送给爸爸时得到的却是爸爸的责骂，成才好不容易做了一次作业得到的却是老师"不如不做"的不屑……同时，我们也看到，年轻老师对于学生从30分进步到40分的鼓励，让孩子们感叹"对面的风景好像很好"。反观我们，作为父母，在孩子成长的道路中，我们给他们的是打击还是鼓励？对待孩子，应该"多看他们的优点，少看他们的缺点"。父母和老师只有找到"鼓励"这把"金钥匙"，才能打开孩子们内心的那扇"门"。成才的父亲在生命即将结束时才悟到："天底下没有教不会的孩子，只有不会教的父母。"他敞开心扉鼓励成才："如果你喜欢打架，就打到世界上去。"最终成才获得了成功。由此可见，"资源放错了地方就是垃圾，垃圾放对了地方就是资源！"

二、沟通是父母老师和孩子之间的桥梁

剧中一段话让我印象极其深刻："大人们经常认为，和孩子说很多话就是沟通了，其实爸爸妈妈外婆都是自己讲，自己爽。而孩子们都是假装在听，然后一边进一边出。孩子们有没有听进去，爸妈不管，只要讲了就行了，可是父母没有明白，多了就很难消化的道理……"很多人都像杰利的父母，喜欢说教，认为这是管教，我们大人有些时候喜欢把自己的想法强加给小孩，根本不顾他们的想法，渐渐地，父母和孩子忘记了彼此之间如何沟通，有的时候甚至感觉彼此已经不再熟悉，父母和孩子之间的门已经关了。没有了沟通，就更别说父母对孩子人生的发展起到什么引导促进的作用了。

三、孩子的成长需要父母的有效陪伴

父母事业无论获得多大成功，都弥补不了缺席了孩子成长过程的遗憾。学谦在自己的博客中写："妈妈呢，只会骂我，逼我。不管我做什么事，在她眼里永远都是不对，不好的。记得刚上中一时，有一次，我打错了巴士，迷了路，回不了家，我好害怕。我找到了公用电话，打给爸爸。他说他在忙，没空听我电话。迷路的感觉好可怕。天黑了，我才回到家里，妈妈问也不问，就把我大骂一顿。慢慢地，我知道这个家，只是让我睡觉的地方，这个家虽然什么都有，但其实什么都没有。"学谦的失望和绝望跃然纸上。

四、不能放弃任何一个孩子

不能放弃任何一个孩子，哪怕他现在只是个"烂苹果"。若把苹果烂的地方去掉，剩下的部分还是可口的，如果你不管它，它就真的只能是一个烂苹果了。不管是怎样的人，他都还有转变的希望，或许我们换个方式来对待他，多一点儿善意的鼓励，他又会变成我们的骄傲。

结语：做有心的父母，才是家庭教育中最大的亮点。

且行且思

——致在家庭教育中行进的家长们

周运科

相信在每一个家长的眼中，我们的孩子都是优秀的，谈起自己的孩子，我们总是喜形于色。谈起我们对孩子的教育，我们都是骄傲而自豪的，所以，我们最受不了的，是别人指出我们孩子的不是，即便那个人是老师，我们的心里也是不爽的。

就拿我的孩子来说，她漂亮聪明懂事，说起话来像大人，她也爱看书，能背《三字经》《千家诗》《论语》《笠翁对韵》等，她走到哪里，别人都夸她，我为她骄傲，更为我的教育而骄傲。可是你们知道吗？开学第二天，我们的王副校长就对我说：你要好好教育，这孩子见了人不问好，问她也不说话。你们知道吗？我当时的第一反应就是，我的孩子并非不讲礼貌，而是怕羞，然后就开始辩驳，事后我冷静下来一想，我那个能说会道的孩子的这种表现，其实就是不懂得最基本的礼貌。而我当时的反应，不就是当局者迷、旁观者清吗？在家庭教育这条路上，我们家长只能进不能退，更没有逃避的理由，所以，当我们的家庭教育出现些许问题时，我们需要做的是反思我们的教育行为。

一、加强自身的学习，为孩子树立榜样

作为家长，我们急切地想要让孩子爱上学习，但是，影响孩子学习动力的是谁？是我

们！试想，家长在那里打牌、看电视或玩手机，而要孩子去学习，孩子怎么可能学得进去呢？孩子上小学了，我们更要谨言慎行，为孩子做好榜样。常常有家长羡慕别人家的孩子能看很多书，也常常抱怨自己买了那么多书，孩子却一本都不翻。不知道大家是否还记得孩子在两三岁的时候，都是热爱书本的，为什么现在有些孩子依然爱看书，有些孩子却不愿意翻了呢？原因就在我们父母身上。那些到现在还爱看书的孩子，他们的父母一定在中间的这段时间，甚至到现在都和孩子一起看书，和孩子讨论学习的内容，而那些现在不爱看书、不爱学习、静不下来的孩子，父母是否真正为他们树立了学习的榜样？如果父母没有传承给孩子爱读书的习惯，孩子怎么会爱读书？如果孩子从记事起，对父母读书就没有印象，那么，他们只能模仿读书以外的事情。

二、让我们的爱更有技术含量

每一个家长都爱自己的孩子，我们倾注了所有的精力和爱去培养孩子。但我们却不知道，有些爱对孩子来说是负担，有些爱的方式对孩子来说是伤害。我们听过太多因为溺爱毁了孩子的故事，但我想说的是，每一个溺爱孩子的父母都不知道自己是溺爱。所以，我们要听取别人的意见，当别人说您小孩怎样怎样的时候，要冷静下来认真评估，不要一味地觉得自己没有错。我们爱孩子，但要用正确的方式去爱。

三、用大爱影响孩子

把我们的眼光放到群体中，用我们的大爱去影响我们的孩子，多为孩子所在的群体做好事、做实事，而不是只为我们自己、我们自己的孩子。

还记得之前发生的一件事：一天早上一个孩子来上学，过马路的时候，一个义工家长注意到了，于是伸手去接那个孩子，就在这个时候，一位家长骑着电动车以风一般的速度从那个孩子的耳边飞过，当时都把那位义工家长吓坏了。

相信大家听到这件事，都会觉得这位不顾及他人的家长不对，可是我们经常会遇到类似的情况，如为了自己方便不顾校门拥堵，如不理解学校不允许家长随意进入校园的规定，不理解为何小孩子退烧后要再休息两天才能上学。其实学校也好，老师也好，他们的目光是放在整个学校、整个班的孩子身上的。作为家长，都希望老师能关注自己的孩子多一点儿，希望那些锻炼的机会都能落在自己孩子头上，但我们要知道，一个班那么多孩子，老师关注你的孩子多了，关注其他孩子的就少了。我们的干涉，是对其他孩子的不公平，是对老师的不信任，也在无形中培养了一个自私的孩子。

四、教会孩子面对挫折

我们这一代家长都非常重视孩子的心理感受。可是，我们能保证孩子身边的所有人都能像自己一样去理解、去安抚吗？如果不能，为什么要什么事都对孩子百依百顺，还美其名曰那是在保护他的心理健康？我们又是否想过，我们所有的保护和对别人的要求，其实都是在培养一个心理不健康的孩子？

五、正视自己曾经的遗憾

作为家长，我们自己的成长路上或多或少都有因为自己不努力而产生的遗憾，有些家长会把这种遗憾当成"动力"让自己的孩子去弥补，有些家长会将之封锁，在教育孩子时潜意识地避开。无论哪一种，对孩子来说都是不公平的，因为我们曾经的遗憾只是我们的，不是孩子的。对孩子的路，我们可以提供帮助，却不能替他们走。我们的遗憾可以当作仅供参考的"教训"，却不能当作非得辩出子午卯酉的"经验"或是无法面对的"洪水猛兽"，正视我们自己的遗憾，别让它成为孩子的人生。

六、不要把孩子完全"托付"给老师，有些事，是家长的职责所在

不要把孩子完全"托付"给老师，有些事，是家长的职责所在。例如，生活习惯。龙生龙，凤生凤，老鼠的儿子会打洞。家长爱讲卫生，孩子也就爱讲卫生。家长乐于助人，孩子也就助人为乐。跟孩子在一起生活的，是您，不是老师。老师可以教孩子怎样做，却不能督促他如何做。孩子要养成良好的生活习惯，学会做人的道理，家长永远是孩子的老师。

再如，一个和谐的成长环境。这是老师最没有办法帮您的，孩子厌学，孩子逃学，孩子跳楼，实质上，是家长从小对孩子胸怀培养的结果。夫妻和睦，家庭幸福，孩子就不会想不开。父母吵闹，父母离婚，父母生活习气不好，孩子成才便是奢望。请您记住，家庭的和睦比任何教育都重要。不要在孩子面前抱怨，不要在孩子面前争吵，不要在孩子面前诋毁他人，尤其不要在孩子面前对老人说三道四，如果那样，将来的您也许就会饱受孤独之苦。

又如，叛逆期的冲撞。孩子敢跟您顶嘴，这都是老人家惯的，也是您没规矩惯的。对

孩子的缺点要对症下药，尤其是对原则问题绝不能让步。如果您这个时候舍不得对孩子说"不"，到了十几岁，您就不敢对孩子说"不"了。我们常常说孩子只听老师的，不听您的，就是因为家长没有制定让孩子尊重并且畏惧的规矩。

七、管好嘴，迈开腿，坚持才会有胜利

家长最容易犯的毛病就是碎碎念，我们总能在第一时间、第二时间、第三时间告诉孩子他哪里不对了，哪里要改了。可是您要知道，小朋友在面对家长碎碎念的时候，他脑袋里装的只是你当时的那个样子，至于您说了什么，对他来说无关紧要。这就是为什么很多孩子总是屡教不改的原因。我的孩子不爱跟人打招呼，原因在于我没有身体力行地教她，我若自己坚持面带微笑主动跟对面的人打招呼，跟在我后面的她也会慢慢学会见面问好。所有的教育问题，所有好习惯的养成，都不是一天两天的事，我们的教育，最大的法宝就是坚持。

结语：教育不是单一的，需要家庭、学校、社会共同来完成。家庭教育不是学校教育的延伸，而是学校教育的基础。教育是一门学问，需要我们不断学习、不断反思。家庭教育是深奥的，深奥到不学习就会事倍功半，甚至越努力越失败；家庭教育又是简单的，简单到只要用心学习，谁都可以掌握并运用自如。

家庭教育中的"五大忽视"

林 莳

在现代家庭中，家庭教育存在着包罗万象的全面性：家长不仅要管学校教育要管的，而且还要管学校教育不管的；而在社会教育中要完成的部分，家庭教育也要完成；社会教育中接触不到的，家庭教育也要有所接触。因此，家长在教育孩子时，要切忌"五大忽视"。

一、过度计划，忽视培养想象能力

过度地帮助孩子安排他们的生活，将会使他们丧失对生活的热情，更重要的是，他们将缺乏自我管理的能力。美国儿童教育学者汤姆斯·阿姆斯特朗指出，孩子需要一些无所事事、随性玩耍的时间，对学龄前的孩子来说，自由玩耍比有计划性的活动更为健康有益，他们需要时间和空间无拘无束地发挥他们无限的想象力，要让他们可以悠闲地看蜘蛛织网、研究蚂蚁如何集体搬家、燕子如何筑巢……让他们最接受的自然速度去探索他们所好奇的世界。也许，家长也该放慢脚步，让一只"蜗牛"带着你去散步，让他们用独特的眼光去探索世界的同时，带着你去探索他们的世界。

二、过度照顾，忽视培养关怀别人的性格

很多家长非常乐于无微不至地照顾孩子，不让孩子做除了学习之外的事情、不让他们

去体验帮助别人的快乐，甚至孩子长到十几岁也没有做过任何家务。他们怕孩子冷、怕孩子热、怕孩子受到伤害、怕孩子被别人欺负，这种处处怀疑孩子能力的观念，不只让孩子陷入迷茫，最可怕的是养成了孩子自私自利的性格，认为地球理所当然要围着他转，从而不能体谅别人和关心他人。

一个快乐的孩子需要能感受到自己与别人有某些有意义的联结，如此才能了解到自己对他人的意义。家长需要培养孩子做家务的能力，让他感受到"这个家庭需要我"；家长可以和孩子一起整理一些旧玩具，并捐给慈善团体；鼓励孩子在学校参与一些义工活动，以此来培养他"我能帮助别人，对这个世界有意义"的价值观。专家指出，即使在很小的年龄，孩子也能从帮助他人的过程中获得快乐。

三、只关心学业，忽视培养独立思维能力

现代父母的悲哀是把对孩子的投资全都放在了功课成绩上，孩子为了考试而考试，从不知道考试是为了什么，因而在需要养成生活能力的最佳年龄段里没得到及时的指导，从而失去了相应的生活能力。幼儿时期，孩子要养成上洗手间冲水的习惯，培养系鞋带、过马路、穿衣服的能力等；小学阶段，当他遇到阻碍时要学会解决问题的能力，如无法解答一个问题时，可以用以下公式来引导他：

你的问题是什么+请你描述出你所能想到的解决方式+找出解决问题的步骤+自己解决这个问题+我可以提供一些帮助+确定你能获得协助=你有能力解决面对的问题+解决问题能带给你快乐与成就感+培养独立思考的能力

四、只关心主科，忽视培养艺术与体育修养

很多家长认为学习只是重要的几个科目，把艺术和体育排除在外。我在音子婴儿时期，就开始注重培养她的艺术修养。当她牙牙学语时，家里会响起舒伯特的交响乐；当她临睡前，我会哼起美妙的催眠曲；当她哭闹时，我会让她拿起画笔涂鸦；当她心情好时，我会让她跟随音乐翩翩起舞。当孩子接触到音乐、美术、舞蹈时，孩子的内心世界开始灵动起来，无论她是随音乐舞动，或是拿着画笔涂鸦，或是随着音乐大声歌唱，都是在抒发着她美妙的内在世界，以此来表达她的多情和浪漫。

音子三岁时，幼儿园里有各种兴趣班，我让她自己选择，结果她选择了学习画画。三年幼儿园时光，她在多彩的世界里用画笔一笔一画地表达着自己的情感。小学时，我再次让

她选择，最后她在众多的乐器中选择了长笛。她说："长笛是我见过的最优雅的乐器。"从此后，我踏上了六年的陪练征途：每逢周六，我都会带着她，经过一个小时的车程到达长笛专业老师的工作室学习长笛，直至音子由于初三学业繁重而暂时停止。而孩子也因为有了自己的兴趣爱好而避免了其他不良嗜好，并在管乐团的首席良性竞争中培养了毅力、勇气和自信。

而陪着孩子进行体育锻炼，如玩球、骑脚踏车、游泳等，不但可以锻炼孩子的体能，也会让他们变得更开朗。孩子有多余的精力等待散发出去，当他们能够把精力发泄在健康的体育锻炼当中时，他们不但能够保持动态生活，还可以适度疏解压力与情绪。更重要的是，他们发现自己可以在体育运动当中获得快感与满足感，让他们拥有正面的身体形象，并从运动中发现乐趣与成就感。

五、只重视补短式教育，忽视扬长式教育

我们要进行扬长式的教育，抛弃补短式的教育。因为孩子在一件事上的成功所产生的自信将会带来不可估量的能量。找到每个孩子胸中的那一粒小火星，家长再给他足够的氧气和空间，这粒小火星就会熊熊燃烧起来。

小发是一位精力充沛的男孩子，喜欢舞蹈，特别喜欢跳街舞。三年级开始，他就加入了街舞学习班，并成为领舞。然而他的学习成绩并不优秀，甚至是全班成绩倒数第一的人物。六年级时，母亲决定停止他的街舞学习，理由是"好好学习，不要再玩物丧志"。我找到了这位母亲，问她原因。母亲说："老师，你们不是常常说短板理论吗？小发呀，只有一条长板，那就是跳舞，其余的都是短板。所以我只能停止他的街舞，首先让他把其他的短板拉长了，才能往木桶里面装水。"我笑了，说："别的孩子往木桶里装的是水，您的孩子比较特殊，他不应该装水，应该装混凝土。因为他只有一条长板，那么，我们慢慢地、耐心地帮助他调配着混凝土，让他先把短的地方装满，然后再顺着长板慢慢往上垒，终有一天，装着混凝土的木桶会比其装水的木桶更加厚重。"他母亲最终没有让孩子停止追随舞蹈的脚步，非常睿智地让孩子带着阳光的心态在成长之路中前行。而小发则在他的街舞世界里培养出了大方得体、自信阳光的性格，虽然成绩依然不好，却得到了全班同学的喜欢与赞扬。每个孩子都有特有的天赋，何不给他们机会表现一下？当你能欣赏孩子的才能，并表现出你的热情时，孩子自然会更有自信心。

六、只关心身体健康，忽视心理健康

很多家长都非常重视孩子的饮食习惯，能够正确地认识到健康的饮食不仅能让孩子身体健康，而且也能让孩子的情绪较稳定。但他们只关心孩子正餐或点心尽量遵循健康原则，会积极地选择低脂、低糖、新鲜的食品，尽量让孩子摄取营养均衡的食物，却往往忽视了孩子的内心是否健康。

因此，家长首先要做到的是"笑口常开"：常和孩子说说笑话、与孩子一起编些好笑的歌。每天与孩子在一起时，可以问问孩子："今天有什么趣事发生？"当孩子说出他认为的"趣事"时，家长和孩子可以一起傻乎乎地开怀大笑。当孩子说今天没什么趣事时，家长要学会引导："我今天非常需要一件趣事来让自己心情快乐。"此时，孩子会马上挖空心思来编笑话，他们甚至为了让自己亲爱的父母展颜一笑，会学着把听过来的故事、看到的故事甚至是没有发生的故事编成一段趣事，绘声绘色、眉飞色舞地说给父母听，只为了听到父母开朗的笑声。当你观察他们时，你会发现他们由衷地享受着与父母一起开怀大笑的时光。

其次，父母要做到"常常拥抱"。一个轻轻地拥抱，传达的不只是无限的关怀，更是无声的"我爱你"。母亲温柔的抚触拥抱，可以让孩子变得较健康、较活泼，情绪也较稳定。音子在幼儿时期，每次生病都娇娇地跟我说："妈妈，我想你抱抱我。"我会马上把她轻轻地拥在怀里。事后问她为什么要这样，她说："妈妈，你的怀抱可以治病哦，每次你抱着我，我都觉得好开心。"于是我每天早上都会过去拥抱她，让她能够在清晨时分，第一眼看到的是母亲灿烂的笑脸，感受到暖暖的怀抱。

父母还要做到"允许不完美"。我们都期望孩子展现出他最好的一面，然而所有的孩子都在学习期，他们在摸爬滚打当中学习着生活常识与生活能力，因此他们常常会因为太过急切地完善自我而犯错误。此时的家长要有一颗宽容的心，要有"大人也会犯错，何况孩子"的观念，允许他们犯错，接受他们的不完美。否则，会减弱孩子的自信心，使孩子养成害怕犯错而逃避责任的坏习惯。

结语：每位家长总希望给孩子最好的照顾，但孩子的成长之路需要自己走，即使家长以爱的名义，也不能代替他们对新事物的好奇心。他们需要自己走才能知道哪条道路是适合自己的，家长若凡事包办，他们只会成长为当下社会所特有的"巨婴"。

别让保护变成娇惯

邓 熠

台风"苗柏"来了，昨日下午深圳的学生娃们与停课不期而遇，甚是欢喜。今日一早，雨下得极大，却未到停课级别，意犹未尽的家长与学生们纵是不舍，终究还是踏上了上学之路。

每当天气恶劣时，学生迟到或校门外马路拥堵便如期上演。学校从安全角度考虑，加上"有爱"的校训，自然是以学生为主，为学生和家长提供便利。而我今日欲说之事，却是与家长有关，与家庭教育有关。

近年，我们常听到中国青少年不如某国青少年的言论。如此这般，也绝非空穴来风。细细思索，我们的孩子似乎早已被我们娇惯成了温室里的花朵：上不得山，下不了海，雨不可淋，路不能走。或许"娇惯"一词用得过火，毕竟上山可能会摔跤，下海可能会溺水；雨淋多了会生病，路走多了会腿疼。孩子是我们的心头肉，在孩子成长过程中为其保驾护航是每个家长的职责。然而很多时候，安全环境欠佳、护子的天性和"怕麻烦"思想作祟，使得我们原本正常的保护变成了娇惯。于是当孩子穿规定的校服觉得不自在时，家长我行我素地为其换装，让孩子成为"特殊"；雨天因害怕孩子弄湿鞋袜，一定要用私家车送到校门口甚至恨不得送到教室里，校门外因此拥堵；再有甚者，要求别人为自己的孩子大开方便之门，处处迁就之……这一切，都不是纯粹的保护，而是实实在在的娇惯。

当我们的眼里只剩下我们自己的孩子的时候，当我们处处保护不让孩子接受磨炼的时候，其实是将孩子推上了一条危险的道路。幼儿时期至小学低中段的孩子，多数比较依赖父母。当他们长到五六年级，特别是到了青春期时，个人意识的萌芽让他们越来越想脱离父母。那时的他们，如果在儿时已习惯了父母的处处呵护而没学会吃苦、独立，一定是一个让父母极为头痛的"冤家"：精神上要摆脱父母，生活中却要处处依赖父母。这样的孩子，一部分性格古怪、难以与人相处还不会感恩，待成年后，成为典型的"啃老族"；一部分看似乖巧听话，心理却严重缺失，最终可能成为罪犯或自杀者。

或许，家长心里其实都非常明白：自己总有一天会离开孩子。于是想在孩子还愿意在自己身边的时候多多与之相处，给孩子提供一切可提供的东西。只是，父母给予孩子的，不应该只是"鱼"，更多的应是"渔"。当孩子在父母的支持下学会了独立成长，他们才会走得更远，飞得更高。

放手，不仅需要智慧，更需要勇气。如果我们能时时想到，将来面对人生的是孩子自己时，我们就该收起"不忍"，让孩子去承受一些困难、面对一些挫折和麻烦，在他们真正需要帮助的时候给予帮助，用更大的格局使用我们"保护"的权利，而非在生活中处处娇惯他们。

结语：让孩子在实际的陪伴和正确的教导中慢慢独立，这，才是对孩子最好的保护。

一年级学生家长的正确打开方式

邓 熠

一年级，是一个非常重要的开始，因为孩子长达十几乃至二十几年的、全天的、规范的学习生涯就此开始了，孩子人生中最美好的年华也就此开始了。

俗话说，万事开头难，这个头开好了，将受益一生。这不是孩子一个人的事，而是一个家庭的事。作为家长，如果能够为这种新的生活形式做出适当的准备，那么就拥有了小学一年级家长的正确打开方式，也拥有了让孩子获得成功的可能。

说起有所准备，很多家长在收到录取通知后就已经开始为孩子准备校服、学习用具等，但本篇要讲的，不是这些物质上的准备，而是作为家长，是否已经从内心接纳了自己作为一名小学生家长的身份，并从这种心理上的准备出发，用实际的行动来完成现实中的准备。

一、家长要控制情绪

尽量让自己淡定一点儿、坦然一点儿、用平常心、理性对待。

没有一个孩子应该什么都会，或者一学就会。所以，当你指着一个你认为他应该认识的字，孩子却一脸茫然时，请你淡定。

没有一个孩子会比别人差或优秀到哪里去，在老师眼里，孩子们是平等的。所以，你不需要迫不及待地去向老师介绍或推荐你的孩子。毕竟，刚刚接触孩子们的老师极有可能不知道你说的是谁。或者说，老师对孩子会有他自己的判断。

有人的地方就有"江湖"，小学，是孩子进入的第一个真正的"社会"。所以，当你发现孩子在学校被"欺负"了，请淡定地了解情况，不要火急火燎地找老师讨公道。因为，孩子的"江湖"不同于成人的"江湖"。所有的经历，对孩子来说都是财富。

二、帮助孩子从心理上到行动上认同自己作为一年级小学生的身份

从心理上来讲，孩子在入学这一段时间一般会经历从兴奋到厌倦，再到适应。表现比较极端的，就是你的孩子刚开始巴不得一天二十四小时在学校，几天过后，发现学校没幼儿园那么自由了，这规矩那规矩，甚是厌烦啊！然后哭闹不肯上学。家长如果不了解孩子的这种心理变化，没有提前做好准备，就会被动地应付。那么，家长要怎么做才能帮孩子平稳过渡呢？

1. 给一个仪式

比如从此以称呼孩子大名为主，比如郑重地为他拍一张入学纪念照。

2. 遵守学校、班级的规章制度及相关的要求

比如按时接送孩子，不迟到，比如规范着装，不搞特殊化。让孩子明白小学比幼儿园更规范，更要遵守规则。

3. 教孩子承担自己的责任

自己的事情自己做：整理书包等；自己的学习自己操心：记下老师布置的任务等；自己的东西自己爱护：想办法保证铅笔等用品不三天两头地弄丢。

4. 让孩子喜欢上自己的学校和老师

（1）鼓励孩子分享学校生活的细节。

用正向的方式引导孩子去发现学校生活中的正能量。比如问孩子今天学校发生了什么有趣的事，老师做了什么让你喜欢的事等。

（2）用心发掘老师的优点。

老师有时做的事可能微不足道，可能无意识，家长可以有意向优点方面解读，让孩子去理解和发现老师的优点。

（3）当您和老师友好交流时，请让孩子见证。

略。

（4）理解老师。

当孩子对老师产生了负面的看法时，家长要及时扭转，帮孩子从另一个角度去体谅并理解老师。

三、参与孩子的学习任务

一年级的功课对一些从来没接触过的孩子来说，学起来似乎相当吃力，这使得家长处于焦虑之中，常常容易"炸毛"；而对于一些接触过的孩子来说，又是相当容易，这又很容易让部分家长放松警惕。但是一年级的学习任务不仅仅是课本知识，更重要的目的是让孩子学会学习。

对此，我们家长要做什么呢？

（一）管理好放学后孩子的学习生活

管理孩子放学后的学习生活，父母当然是最佳人选，但如果非要托付给其他人，也请父母的其中一个尽量参与其中。在孩子入学的最初，父母的陪伴与参与远比之后的几年来得有用。一年级的孩子，每天带回家的学习任务一般在30分钟以内。剩下的时间，应该让孩子自由分配。但是，作为父母，不能扔个平板、手机或遥控器给孩子，而要为孩子提供健康的选项，如和家长一起做家务、一起娱乐，或者阅读、交友等。

（二）在家里创造学习的氛围

每一个家庭成员都应该有自己专注的事情。遵行正常的程序，孩子也是能看到的。比如妈妈先做晚饭再看自己喜欢的电视剧，那么孩子也要先完成学习任务再玩。

一个家庭要养成阅读的习惯，家里一定要有书且要适合孩子，手不释卷的父母就是孩子最好的榜样。

结语：家有小学生了，无须紧张，心存美好愿望，降低期许，脚踏实地，坦然出发就好。

在中华优秀传统美德中寻找育子方法

林蒄

当前的教导语言已经无法满足当代孩子的需求。国学经典是营造儒雅教育环境的重要途径，对增加德育功能、提升家庭教育功效有着重要作用。在小学阶段，利用国学经典来教育学生，更易于激发学生的内在潜力。优秀传统文化的道德语言是贴近心灵的语言，是中华民族在劳作过程中自然产生的，是最贴近心灵的。当代父母应在国学经典故事中学习反省自己、学习相关家庭教育知识，力求成为合格的父母。

一、举案齐眉能让孩子找到品德方向

利用经典故事来引导家庭成员和睦相处，是中华优秀传统文化资源库的良好利用途径。《后汉书·梁鸿传》中记载："为人赁春，每归，妻为具食，不敢于鸿前仰视，举案齐眉。"梁鸿与孟光夫妇举案齐眉的举动，正是夫妻间相互谦让、互相尊重的极好例子。一个有良好氛围的家庭，必定会培养出良好品质的孩子，而良好的家庭氛围，一定存在着关系和谐的夫妇俩。《中庸》中说："君子之道，造端乎夫妇。"只有夫妇和睦，才能让孩子从幸福的家庭中感受到最纯洁的爱，并能从父母身上懂得对人宽容、心怀感恩、学习仁爱，进而转化为自己的博大胸怀。

（一）家庭成员和平相处

1. 家庭成员要心平气和地相处一室

在孩子面前，尽量心平气和对待家庭成员。即使发生了矛盾，一旦面对孩子，就应该平静下来，不让无辜的孩子卷入成人世界。小小的年纪孩子们纯净的瞳孔只需看到世事的美好与人性的友善，感受来自生活的愉悦和人们的善良。这需要家人的配合：当自己意识到孩子有了自我意识后，家庭成员要达成共识——无论发生多大的矛盾，在孩子面前都要和平共处。

2. 家长要尽量在孩子面前表现出正确的一面

无论聪明与否，孩子都只是在成长过程中，他们幼小的心灵无是非对错观念。于他们而言，生活就如同混沌之初的世界，空旷宽广，内心满是好奇，但却对如何融入生活毫无头绪。当你一不小心让你与家庭成员的纠纷裸露于孩子面前时，旁观纠纷的孩子是最为迷惘的。他们面对着复杂的争吵就如同来到了进入森林的两条岔路，一条满是荆棘，一条则是康庄大道，但他们却无从选择。这时的你要马上清醒过来，立刻平息事态，并站在中立的位置，告诉孩子哪种情况是对的，哪种情况是错；要在孩子面前大胆地承认自己的错误，正确地进行引导。你与家人的纠纷只是两人之间的事情，然而对于孩子来说，则直接决定他的价值观和是非观。

（二）践行孝道，从父母做起

1. 构建和谐的家庭氛围，给孩子正确的价值指引

家长要尽量为孩子构建一个和谐的家庭氛围，为孩子思想品德的自主建构搭建一个正确的价值指引。南橘北枳，成长环境决定了孩子的成长方向。家长要努力让孩子发现自己生活在幸福美满的家庭里，要尽一切所能为孩子营造一个强有力的活动情境导向和精神氛围导向。避免由于个人狭隘和私欲而产生的、不利于孩子成长的情境和环境。一朵长期听着音乐长大的花会格外娇艳美丽，更何况是在美好环境之中长大的孩子呢？

2. 引导孩子孝顺长辈

家庭要形成一种强大约束力、感染力和导引力的"孝道"氛围，营造引导孩子孝顺长辈的环境。《说文解字》中指出："孝，善事父母者。从老省，从子，子承老也。"意思就是：孝顺自己的父母，待你老后，你的孩子也会孝顺你。耳濡目染的教育是有效亦是长久的，这样的改变可使孩子真正将孝道融入骨髓，成为习惯，代代相传。孩子的模仿行为是自

己建构知识的过程，他会对外部信息进行主动的选择和加工，并通过新旧知识经验间反复的、双向的相互作用过程，从而构建成为自己的理解。也就是说，当他第一次接收到"你要孝顺爸爸妈妈哦"的信息时，他首先会在脑海里搜索"怎么做才是孝顺爸爸妈妈"的内容，当他搜索到"爸爸妈妈是这样对待他们的爸爸妈妈的"内容后，会选择同样的行为。家长要记住"生活就是教育"这一理念，无论对待公公婆婆还是岳父岳母，都要为孩子树立一个正面的榜样。

3. 家长不要在孩子面前说老师的坏话

正所谓"亲其师"，才能"信其道"。学生对老师的感情，将会直接影响他对这位老师所教学科的情绪。亲近老师，方能亲近知识；正如亲近自然，才能真正地感受到生命的律动。老师和学生的对话将会如同灵魂的交流一般，不存顾虑、有问即问、深入内心。家长教孩子"尊师"，老师教孩子"孝亲"，做到"亲师合作"，将给孩子营造最好的学习环境、搭建最好的成长道路。

孩子在家里所接触到的每一种现象、每一种行为、每一种语言、每一个眼神，都是他们接受内化的过程。在这样一个过程当中，孩子们会很敏感，他们所接受到的信息都有可能成为他们学习的对象。善于模仿的他们，总会默默地收集所看到的一切，又默默地收为己用。当家长对着孩子说长辈坏话时，他将会把这种语言内化为自己的行为，也将随之表现在日常行为当中。

（三）优雅文明是做家长的基础

注重"礼"的培养，一直贯穿于中华民族的行为习惯当中。荀子曾经说过，"人无礼则不生，事无礼则不成，国无礼则不宁"，而《礼记·曲礼上》中亦记载："人有礼则安，无礼则危，故曰：礼不可不学也。"意思就是说，一个人若有礼仪，内心则会安宁祥和；而一个无礼的人，则是危险之人，因为他的内心没有安全保障。因此，人不可以不学习礼。若说花茎是支撑花生长的依靠，是让它绽放、与百花争艳的舞台，那么礼就是立人之本，是成就一番事业的前提条件。

中国人常说，"望子成龙，望女成凤"，成龙成凤不应该仅仅是成绩好、学习好，他们更需要的是文化修养。一个人的文化修养就如同一幅画的整体色调，给他人的第一印象，就是文化修养、行为习惯。若画作上的线条精细、描绘生动，但整体色调古怪突兀，那么整幅画作也就无法让人们留心欣赏了，正如著名作家梁晓声说的："根植于内心的修养；无须提醒的自觉；以约束为前提的自由；为别人着想的善良"。

父母是孩子所接触到的第一位成年人，他们的形象直接影响到孩子们成年后对理想中男女形象的定义。钱文忠教授认为：母亲是孩子最早的、终身的导师；父亲是孩子长大后，最终能够理解的榜样。因此，作为母亲，无论长相如何，只要平时注重细节，让自己的行为举止高雅而不失文明，她在孩子心目中绝对是高贵而美丽的。而当她做完了这一切后，收获到的绝对是双赢的成果。母亲应当以女神形象出现在孩子的生活当中，一面成为他们的偶像，一面庇护他们成长。

二、言传身教能让孩子有最终能理解的榜样

《世说新语》里有这样一个故事——谢公夫人教儿，问太傅："那得初不见君教儿？"答曰："我常自教儿。"作为一个合格的家长，必须做到"己欲立而立人，己欲达而达人"——做好自身，身教绝对胜过言传。

人们往往重"言传"而轻"身教"，总把"言传"放在"身教"之前，认为只要用语言教化即可，并在收到初步的成效后就放弃了。要知道"言传"是嘴上功夫，来得容易去得却快。而"身教"则是行为习惯，非一朝一夕就能养成。就好似"治根"和"治本"的问题，正而真的教育应该是一种从内而外的变化。如何做到"身教"，则是做父母的最重要的课题。

孔子说过："其身正，不令而行；其身不正，虽令不从。"意思是说：当你自身端正地做出表率时，不用下命令，你所管理的人也就会跟着行动起来；相反，如果你自身不端正却要求对方行为端正，那么，纵然三令五申，对方也不会服从。教育是一种重复的行为，更深远、更长久的教育效果需要家长的"身教"才能获得。一两次的瞬间性的影响不过是混乱的蒙太奇，只有不断地重复才是言传身教的本质前提条件。

（一）建立良好的兴趣爱好

费孝通先生对孩子的心理有过这样巧妙而精彩的描述："他很像是个入国未问禁的蠢汉。他的个体刚长到可以活动时，他的周围已经布满了干涉他活动的天罗地网。孩子碰到的不是一个为他方便而设下的世界，而是一个为成人们方便所布置的园地。他闯入进来，并没有带着创立新秩序的力量，可是又没有一个服从旧秩序的心愿。"

一个新生的孩子来到这个世界上时，除了最本能的吃喝拉撒外，所遇到的一切事物都

成为他研究的"问题"。成人间不经意的行为举止、一言一行，对于他们来说都是新奇而陌生的，他们以好奇的心灵来对待着这一切，无论是好的或坏的、积极的或消极的、正确的或错误的。他们时刻与成人打交道，受成人日常行为的影响并内化为自己的习惯。为此，我们要改变为"成人们方便所布置的园地"，齐心协力地为孩子创设一个"为他方便的世界"，帮助他培养"创立新秩序的力量"，并教会他深入、充分地了解"旧秩序"，继而从社会模式中突现出来，为他们营造一方安全而健康的土壤。

由于儿童从家庭成员的身上习得的社会认识与行为的图示，是行为的原则，而不是行为的细节。那么，家长就要为孩子设计行为细节，重整自己的生活模式、生活习惯和作息习惯。成人对孩子的无意识的影响是存在于他们的日常交往之中的，孩子的日常行为习惯是从他们身上继承而来的传统。而当成人意识到自己的行为会对孩子产生极深的影响时，就应该有意识地设计教育内容，融入他们日常生活的行为和习惯当中，以此来消除他们对陌生事物、难以把握的新行为和新观念的抗拒。

（二）营造良好的学习环境

西汉刘向在《列女传·卷一·母仪》中记载道："孟子生有淑质，幼被慈母三迁之教。"这是一个大家耳熟能详的经典故事，故事的宗旨就是：有一个好的学习环境非常重要。为了孩子的健康成长，家长将进行一次习惯大改革，而这种习惯改革，要从改变家庭学习环境开始。

南北朝时期著名思想家、教育家颜之推在《颜氏家训》中提出："人在年少，神情未定，所与款狎，熏渍陶染，言笑举动，无心于学，潜移暗化，自然似之。"可见，颜之推非常重视家庭教育的环境，他在家训里告诫子女要审视身边的人，以免因为环境而使自己误入歧途。环境的影响是强有力的，家长要不断为家庭制造良好的学习环境，让良好的学习氛围和学习习惯潜移默化地深入孩子的内心世界。环境对于在成长发育期的孩子而言，更能起到熏陶感染的作用，激发他们的心理潜能。

因此，家长要为孩子创建一个学习的大环境，建立"让学习成为习惯"的终身学习观的微氛围。要改正厌学态度，让自己永远处于知识更新的状态，而改变厌学的心态，从阅读开始：每天与孩子共同阅读半小时以上，并互相撰写阅读笔记。年幼的孩子可以复述故事内容，以培养其良好的语感。而有一定写作技巧的孩子，则可以在书旁做批注，家长则以孩子的角度在另一边来做批注，让"父母是知识资源库"的理念成为孩子强大的学习榜样。与孩子共同学习，做到他学的知识你也学，他掌握的知识你应该比他更了解。掌握历史典故，用故事的方式来感染孩子；永远保持自己知识的更新力度与速度，每天保持一个小时的亲子阅读时间。

（三）拥有良好的性格脾气

孩子是一个脆弱的群体，他们的自尊和自信的建立要靠家长的协助。作为父母，要允许孩子犯错，不犯错的孩子不是孩子，大人也是在犯错中成长的。因此，要学会做"好脾气"的家长，以帮助孩子成长。

颜之推非常重视家庭的语言，他在《颜氏家训》里提道："吾家儿女，虽在孩稚，便渐督正之。一言讹替，以为己罪矣。"他认为：家长面对稚嫩的孩子时，要注意自己的语言，避免一言失误，便会伤害到孩子脆弱的心灵。帕斯卡尔认为：只有依赖"情感""爱"，人才能找到安身立命之所。在特殊时刻，父母的语言更是能够帮助孩子渡过难关：孩子在每个学习阶段，均会遭遇不同的压力。而家长在这个关键时刻，要学会用语言来引导孩子，为其减压。

中华民族用五千年的历史更迭、朝代变换来形成重视儿童伦理道德教育的优良传统，集中体现了中华民族两千多年来形成的传统美德，是教育受教育者如何从小学做人、学做事的基本准则，是受教育者学习做人和日常生活行为的规范。随着年龄的增长，经典会慢慢在孩子身上发酵，使孩子由内而外地散发出儒雅高贵的气质，变得知书达理，心胸宽广，在潜移默化中明辨是非美丑，规范言行举止。可见，传统美德中的教化功能以最接近心灵的方式，自然地更新学生观念，形成了富有民族教育特色的建立积极向上人格的教育体系。

结语：中华优秀传统美德是中华民族几千年来用其智慧凝固成的伟大精神财富，而其中一条家教真理就是"言传身教"。在所有的家庭教育方法中，都走不出"言传身教"四字，而身教一定会重于言传。望所有的家长都能够理解并践行，共同为孩子的成长做出最大的努力。

做青春期孩子的地板父母

贾 取

今年是我职业生涯的第六个年头，教龄不算长，经验也浅薄，接触过的学生、家长更不算多。所幸，在有限的职业经验里连续带过两届毕业生，于是就有了横向、纵向的对比与追踪研究。

六年级的孩子已然站在了青春期的路口，身高体重急剧增长，心、肺、脑和神经系统以及第二性征等各个方面也都在迅速发育，生理上的成熟使青少年在心理上产生成人感，他们希望获得成人的某些权利，找到新的行为标准并渴望变化社会角色。具体来看，青春期的孩子在心理上存在着成人感与幼稚性的矛盾。

青春期少年的心理活动往往处于矛盾状态，其心理水平呈现出半成熟、半幼稚性。其成熟性主要表现为他们产生了对成熟的强烈追求和感受。在这种感受的作用下，他们在对人对事的态度、情绪情感的表达方式以及行为的内容和方向等方面都发生了明显的变化，同时也渴望社会、学校和家长能给予他们成人式的信任和尊重。其幼稚性主要表现在由于辩证思维刚开始萌芽，思想方法上仍带有很大的片面性，还缺乏成人那种深刻而稳定的情绪体验，缺乏承受压力、克服困难的意志力，社会经验也十分欠缺。

反抗与依赖、闭锁与开放、勇敢与怯懦、高傲与自卑……这一系列的矛盾交织，构成了青春期个体的主旋律，这样的特征既是挑战，又是福利，它不仅是疾风骤雨的爆发期，而且是一个应该好好培养和发掘的人生阶段。我们的世界观、人生观，我们选择如何与这个世界互动，我们最重要的认识和理解世界的思维方式、认知模式，等等，都在青春期塑成。作为老师、父母，或是其他重要的人，我们都应学会以建设性的方式来激发孩子青春期的特征里有利的一面，引导孩子在矛盾中正向成长。

有人把父母分为两种类型：天花板父母以及地板父母。前者常常会说"我都是为你好，你听我的，不会错的"。当孩子稍出现偏离轨道的苗头，他们会马上制止，或动之以情晓之以理，或引经据典旁征博引，或以过来人的经验，如"我吃过的盐比你吃过的米还多，我走过的桥比你走过的路还多"，来说服孩子听从自己的。这样的父母于孩子而言，就像头顶上的天花板，永远无法突破、无法超越。

而与之相对的是另一种父母：地板父母，他们的文化程度、社会地位也许不是很高，对孩子的期望也很模糊，他们也很少拿"正确标准"、是非曲直来判断孩子的言行举止，与"正确"相比，他们更愿意享受亲情带来的愉悦和快乐。当孩子遇到挫折、失意，被误解的时候，他们甚至不愿意责备孩子，只是用简单的、温暖的爱去包容、去支持。

对于青春期的孩子，我们如果选择做天花板父母，那就是以爱之名剥夺孩子体验人生的权利。按照桑代克的试误说，学习与成长本就是一个不断尝试、不断出错，再不断修正的过程。"纸上得来终觉浅，绝知此事要躬行"，对青春期的孩子，我们不妨做地板父母，给予孩子犯错的机会，当孩子灰头土脸挫败而归时，对他道一声"回家吧，孩子，还有爱你的爸爸妈妈"。沐浴着无条件的爱与积极关注长大的孩子，是能够正向成长的，作为父母，我们也要有这份自信和底气。

参考文献：

［1］林崇德.从儿童心理学到发展心理学［J］.北京师范大学学报（社会科学版），
1994（1）.

［2］王秋英.家庭养育方式与中学生心理健康水平的相关研究［J］.中国心理卫生杂志，1998（5）.

良好家风的建立从家长的言行举止开始

林 蒄

一、家庭和睦，夫妻和美

幼年是孩子模仿能力的巅峰阶段，他们会默默地看着长辈们的一言一行，无论对错，都会模仿一二。当他们发现长辈们认为"这些行为是对的"时，就会立马复制似的展露出长辈们的各种行为。这时的他们如同薄薄的花瓣，心思纤细，家长如因为自己的私欲，不经意地直接成为孩子行为的坏榜样，就会导致孩子"有样学样"。

可以说，大多数问题学生的背后，都会有一个问题家庭。

我的女儿音子在初一时，幸福地告诉我："妈妈，我非常感谢你和爸爸，因为你们给我营造了一个最美好的世界，使我认为，世界充满了欢声笑语，每一天都是生命的馈赠。在这种绝佳的学习环境下，我不用为家庭琐事、纠纷而苦恼，只要做好自己，我的世界就是晴天。"当我听到这句话时，突然满怀感激：我的女儿，在不知不觉地成长为一个幸福温暖、心灵美丽、阳光向上的孩子。

回想她的小学六年时光，我从来都是和颜悦色地与家人相处，即使是工作上或者与家人有了小纠纷，也尽量不让她知道，为她藏起了所有的锋芒，力图给她营造一个美好的世界：记得那天，我与孩子的父亲因意见不同而产生了分歧。两人正要大声发表自己的意见时，一转眼，见幼小的音子正站在旁边，静静地看着我俩。我们一个机灵，立马对看了一眼。就是这一眼，瞬间产生了共识：停止"战争"，偃旗息鼓。于是我马上冲着音子展开了笑容：宝贝，我们先去看一下书可好？转头给爸爸一个眼色：等会儿再找你算账。她爸爸立马笑了：好，咱们一起看书去。于是，一场家庭风波消失于无形之中。

这之后，每当我们要吵架之时，会关上门，在房间里小声地争辩着。偶尔其中一人音量变大时，另一人马上说："小声点儿，音子在外面……"其实，所有的争吵都会在冲动和失去理智中越来越严重，却在冷静和轻声细语中慢慢化解。在我们关门、小声说话、互相提醒间，这份争执和气愤会慢慢消失殆尽。

孩子应该有花一样的童年，他们是自由的、是美好的，不应该因为成人世界的烦琐而锁上纤细的眉。孩子不应该承受大人的心理负担，应该是快乐而单纯、美好而阳光的，成为成人世界里最美的光彩。要做到这一点，就应该给她制造一个快乐而单纯、美好而阳光的环境。

高尔基说过："如果你成功了，但没有把你的孩子培养成功，那你只成功了一半。"父母是孩子的第一任教师，孩子教育的根本是家庭教育。小学时代是孩子正式步入学生时代的标志，在此阶段，孩子的人生观、价值观渐现端倪；学习方法、学习能力慢慢起步；交往方式、处事方法逐步形成。小学时期是孩子最为关键的时期，而作为孩子最贴心、最直接、最好的领航者与护航者——父母，将对孩子一生的发展起到最为深远的影响。

二、一举一动，总关情

英国知名音乐剧与电影女演员、被世人誉为"最优雅的女人"的奥黛丽·赫本曾经说过这样的话："如果你想红唇诱人，请说善意的话；如果你想明眸善睐，请看别人的优点；如果你想秀发飘飘，请让孩子每天用手指梳理一次；如果你想仪态优雅，走路时要时刻想着：你不是一个人，有一群朋友在关心着你。"父母是孩子所接触到的第一位成年人，他们的形象直接影响到孩子们成年后对理想中男女形象的定义。

音子八岁。

其时，我们身处一间咖啡馆里。那里燃着一炷香，白烟一线直上，再往上便扭着身子不情不愿地，散去。像古代女子，风姿绰约地拈着一块丝绸手绢，眼波横飞之际，一扭身子离去。心思一下子不见了影，恍如深深深几许的庭院里，落下了几枚枯叶，无声无影，想找也找不着。

此时，美丽的服务员把雪糕拿上来，我双手接住，下意识地道了声"谢谢"。我生怕雪糕滴落到衣物上，便请服务员送来一把小调羹，小心翼翼地吃着。正当我享受着雪糕的美味时，一抬眼，音子睁大了眼睛，盯着我。不禁笑了，问她"怎么不吃"时，她依然不语，依然专心致志地看着我。

我见她不理我，便依旧拿着调羹小心地挖下一块，慢慢地送入口。

这时，音子咧嘴笑了，说："妈妈，你的动作真优雅。"她摇着小脑袋叹着气，小大人一般地道："原来一个高贵的人，是这样吃雪糕的。"说着，她翘着小手指，轻轻地拿起了调羹，模仿着我的动作，小口小口地把雪糕送入嘴里，然后开心地说："原来这样吃，可以避免雪糕弄脏嘴巴哦。以后，我也要做一个像妈妈一样优雅而高贵的人。"

那一刹那，窗外春意正浓。此时的我犹如处于人间四月天，愉悦地看着窗台上的花儿。那些花儿吃足了春天的酒，醉醺醺地挂在枝头。风儿一吹，花儿们躲着，"叭"的一声，已醉落枝头——没人知道我对这一切充满了感激：我的女儿，能在我最清醒的年龄里站在我的旁边，模仿着我的一举一动，让她能在健康的环境中成长。

三、先亲其师，方信其道

"亲其师，信其道"，这是我国伟大的教育家孔子倡导和终生实践着的一条教育教学规律，被记载在古代教育文献《礼记》中。《论语》卷三《雍也》中记载：

伯牛有疾，子问之，自牖执其手，曰："亡之，命矣夫！斯人也而有斯疾也！斯人也而有斯疾也！"

孔子的学生伯牛生病，孔子亲往探视。他从窗户外面握着他的手说："丧失了这个人，这是命里注定的吧！这样的人竟会得这样的病啊，这样的人竟会得这样的病啊！"而当颜渊病亡，孔子更是痛哭不休。孔子虽有弟子三千贤人七十二，然而孔子却能一一说出他们每个人的性格、爱好、特长和才能。虽然孔子是以他严谨的治学态度、渊博的知识学问、良好的教学方法赢得了学生的无限热爱和敬仰，然而更重要的是因为孔子从内心里喜爱自己的学生。众学生也因此蜂拥而至，纷纷跟着他学习知识、研究学问，从而开创了中国教育史上光辉的新纪元。

其时，音子二年级。她开始触摸世界。

当她发现老师在上课时竟讲了一个错误的知识点时，她开始对自己的老师产生了质疑。

听到这样的消息，我心下甚慌——学习是成人成才的启蒙，更是打通未来康庄大道的重要关卡，这样的老师是否能成功引导我的孩子在学海顺利探行？我一下抑制不住口舌："呀，这可不是件好事。怎么办？你的老师竟会犯这种知识性错误，你们班的成绩肯定不会好。"她听完眨了眨眼睛，不假思索地认同了我的话。

但我不知的是，这番言论在她的心中竟然生了根，她不假思索地认同并将我对老师的定义套用成了她自己的角度和观点。

第二天，当我与她进入放学回家后的聊天环节时，发现她开始挑剔这位老师：不满老师课堂里的教学、对老师的行为举止看不惯、对老师的习惯观点不认同。她总能列举出老师的这般不对那般不好，哀怨地说个不停。于是我发现：她的重点不再是单纯地投入学习，而变成对老师无意识的挑刺与抨击。

逐渐地，她的成绩也越来越不如人意。她浑然不觉，将错误归咎于那位"误了她"的老师。我看着心里着急，同时也知道自己犯下了大错。

这下如何是好？

亲其师，方能信其道呀。我想：喜欢该门学科，定是从喜欢学科老师开始的。于是，我在她面前极力地夸赞这位老师：

"音子呀，你们老师这次布置的作业类型很精妙呢！"

"老师的这个观点全面，适用于多种情况，你下次套用来试试。"

"我突然发现你们老师的结构板书囊括了几乎所有知识点！"

……

"其实你们的老师真棒，拥有丰富的知识与无尽的才华。"

直到许久之后，我再次以近乎笃定的语气说出这句话，同时小心翼翼地看着她的眼睛——可千万别反驳啊，小音子，你的学习终是要靠这群也许有时会犯错、但一心为你好的老师呀。

这一次，她依旧如同那时一样直视着我的眼睛，只不过这次，她微笑着："嗯！"

这一声浅浅的回应，一下击中了我的心房，她不设防的信任让我知道了我对于她原来是这般重要。她将我的一言一行近乎习惯地尽可能地自我化用，自顾自地相信着"妈妈说的都是对的！"

她的眼睛还是那样闪亮闪亮的，但这次却包含欣喜与飞扬。我想，那先前如迷雾一样蒙着她的双眼的执念一样的偏见想法一定散去了！

第二年，当得知她换了一位老师后，我与她进行了一次长谈。我讲了许多关于这位老师的小事迹，将老师的形象在她心中镀上阳光一样的金边，让老师的形象在她的心田自主开花。我说："人的知识好比一个圈圈，圈里面是已知的，圈外面是未知的。你们是小圈圈，而老师是个大圈圈。你们所未知的其实就是老师所已知的，老师正把她已知的，慢慢地转变为你们的已知。"

音子竟然深深地记在了心里。十年之后，她突然之间告诉我："妈，这个理论其实是古希腊哲学家灵诺说的，他的原话是：人的知识就好比一个圆圈，圆圈里面是已知的，圆圈外面是未知的。"我惊讶于她的探究能力，更庆幸于我在教育她时的清醒。

孔子曾经说过："知之者不如好之者，好之者不如乐之者。"学生对老师的感情，将会直接影响着他对这位老师所教学科的情绪。

孩子是一个孤独的个体，他们来到世界上很难找到同样的个体进行沟通。当他们需要进行交流时，身边都是与他们格格不入的大人，他们需要进行快乐分享、苦恼分担。此时，身边的亲人是他们的首选。而作为家长，其中一项要做到的就是学会与孩子沟通。在每天的交流时间要真正地聆听孩子的讲话，并试图把自己融入孩子的世界里，成为他们的心灵朋友。

我的女儿在六年级的时候，每月将会面对一次综合测试。临睡之前，她总表现出紧张的情绪，担心自己的粗心会让自己失了水准。晚上，我想了好一会儿，决定帮助她走出困境。

那天清晨，我用惯常的方式叫醒她后，可爱的她给了我一个惺忪而灿烂的笑容。随后，她沙哑着声音说："请给我一句祝福的名言吧。谢谢。"

我故作思考，说："上帝保佑你，阿门。"

她怒："我要的是名言，名言！"

我说："真主啊……"她恶狠狠地盯着我。

我从善如流，马上做苦恼状："我只记得一个名人说的。"

她疑惑："谁？"

"唐僧。"

她思考中。

我不等她反应，一把抓住她的手，一脸真诚地说："阿弥陀佛，上天有好生之德……"

她瞪着我，咬牙切齿地说："名言！是名言！"

我委屈："这也是名言呀……"她依然盯着我。

我故作恍然大悟，刚想开口，她飞快地说："我不要'落红不是无情物，化作春泥更护花'。"我乖巧地点了一下头，刚想张口，她马上说："我不要'黑色的夜给了我黑色的眼睛，我却用它寻找光明'。"然后得意扬扬地看着我。这两句是我对她的日常鼓励用语……

然后，我想了一会儿，立马正襟危坐，十万分真诚地看着她。

"好吧，"我说，"冬天来了，春天还会远吗？"

她大叫："我有这么颓废吗？"我笑倒在她的床上。之后，她怀着美好而轻松的心情踏入了校园。而那次综合测试，她获得了前所未有的好成绩。

家长要学会与孩子沟通的方式，让孩子认识到父母也有童年，也有与自己同样的想法。让美丽的心情伴随孩子成长，从此生根，随后发芽，定会渐渐长成一棵坚忍不拔的大树——这是一棵散发着清香气息的大树，它置身于最明媚的阳光之下，吸吮着最甘甜的雨露，蓬勃的枝叶每天都能抖动着晨风的馨香。当你做完这一切，回头一看，你会发现，你的孩子正跟在你后面，学着你走路。他们也会认真对待每一节课，有健康的生活习惯和作息习惯。他们本来就对生活充满热爱，因此会对每一朵花微笑，给每一座山起个温暖的名字，让自己永远充实而快乐。

结语：一个家庭需要建立良好家风，而正确的家风，一定是有共同遵守的家庭美德、有共同认同的价值观和审美观、有共同的家庭规则。而这些不只需要孩子参与，更需要家长的言传身教，润物细无声。

自我保护能力：身体发肤，受之父母

林苒

《孝经·开宗明义》中记载：

仲尼居，曾子侍。子曰："先王有至德要道，以顺天下，民用和睦，上下无怨。汝知之乎？"曾子避席曰："参不敏，何足以知之？"子曰："夫孝，德之本也，教之所由生也。复坐，吾语汝。身体发肤，受之父母，不敢毁伤，孝之始也。立身行道，扬名于后世，以显父母，孝之终也。夫孝，始于事亲，中于事君，终于立身。《大雅》云：'无念尔祖，聿修厥德。'"

整段翻译如下：

孔子坐着，曾子则坐在一旁等待教诲。孔子说："先前的圣王呀，有美好的品德和令人佩服的做人的原则，他们把这些品德和原则用来治理天下，让民众得以学习和效法，那么社会上就会出现和睦相处的好风气了，而官吏和民众之间就没有相互怨恨的现象。你知道这是什么样的品德和原则吗？"曾子马上站起来回答道："我不够聪明，无法知晓这么深刻的道理，敬请老师指教。"孔子说："孝呀，是人类道德的根本，人之所以需要教育也在这里。那么现在，请你坐下，且听我一一道来。我们的身体毛发皮肤都是父母给的，我们必须要珍惜和爱护它，因为健康的身心是做人做事的根本，因此珍惜和爱护自己的身心健康，就是行孝尽孝的开始。因为按正确的原则做人、做事，让自己的名字为后人所景仰，那么，后世人就会认为父母教导有方，培养出了一个优秀儿女，这是人行孝尽孝的结束。综上所述，孝的开始就是要孝顺父母，长大成人就要忠于国家和君主，最终就是要对他人和社会有所贡献，这样才能实现自己应有的人生价值。因此，《大雅》中讲：不要忘记你的祖宗和父母，这是人生最需要修养的道德。"

"身体发肤，受之父母"有两层意思：一是学会保护自己，二是学会孝敬父母。家长要告诉孩子：两者貌似风马牛不相及，实际上说的是同一件事情——因为家长最大的痛苦莫过于子女受到伤害。社会上孩子遭受侵害事件频发，坏人伸出的黑手令人防不胜防，受害者以女孩子居多，因此，父母在孩子小的时候要让他们记住"身体发肤，受之父母"这句警言，告诉孩子这句话的具体意思，并用孩子所能接受和理解的语言来传授生存技巧，解释清楚为什么要这么做，提高孩子自我保护的能力。

一、好朋友形式

"我们没有小秘密。"

首先要与孩子建立亲密而友好的关系，给孩子足够的信心，让孩子知道妈妈能够保护他，并以郑重的语气告诉孩子：你从一出生就有一个好朋友，这个好朋友就是巨人妈妈——妈妈很有能力，能够像巨人一样保护你，无论你发生了什么事情，都可以帮你解决。因此你跟妈妈之间没有任何事情需要隐瞒，我们没有"小秘密"。如果在你的身上发生了某些"重要事情"，特别是某些陌生人或者是其他人和你一起做的"重要事情"，都要在第一时间一五一十地告诉妈妈。

"我不喜欢你这样做！"

其次要告诉孩子：如果有人对你提出了无礼的要求，而这个要求让你觉得非常反感，你根本不愿意去做的时候，要说："不！我不喜欢你这样做！"

"身体的这些部位美丽而纤弱，不能让任何人触摸。"

再次，要教育孩子认识自己的身体，要让他们知道：身体上的某些部位是要保护好的，不能让任何人触摸，它们很美丽却很纤弱，一旦有人触摸，它们就会像花儿一样枯萎了。所以我们要保护它们不受外人的伤害，除了妈妈以外的任何人，包括自己的父亲，都不可以触摸自己衣服和裤子下面的任何部位。如果有人一定要触摸它们，你一定要大声拒绝，甚至可以哭闹、踢打对方，同时要马上挣脱逃跑，并立即告诉妈妈。

二、游戏和表演形式

（一）"不开门"游戏

独自一人在家，如果有陌生人来敲门，可以隔着门告诉他，爸爸妈妈正忙着，或在睡觉。不论他有任何理由都不能开门，更不能告诉他自己独一人在家里。

可以跟孩子进行模仿游戏。比如父亲扮演陌生人，母亲扮演孩子，先让孩子在旁边观看，然后再让孩子模仿妈妈的动作和语言。这不仅仅是一种教育，更是亲子游戏。通过游戏和表演，更能帮助孩子理解和记忆。

（二）"接电话"表演

可以用表演的形式告诉孩子，在接听电话时，不要告诉对方自己的名字、地址、此刻谁在家里等任何与家里有关的信息——

妈妈：你好。

宝宝：你好。（如果孩子没及时回答"你好"，妈妈要及时进行礼仪教育，告诉孩子接电话时一定要礼貌地向对方问好）

妈妈：我是你妈妈的朋友，你叫什么名字？

宝宝：我叫×××。

妈妈：宝贝，不能告诉他你的名字哦。

宝宝：为什么呀，他不是你的朋友吗？

妈妈：可是有些坏人也自称是妈妈的朋友呀，妈妈不在你身边，不能证明他是妈妈的朋友，所以如果妈妈不在时，你不能告诉他你的名字哦。你要跟他说：对不起，我妈妈正在忙，你能告诉我你的名字吗？我让她等会儿给你打回去。宝宝，我们按照刚才妈妈说的话，再来玩一次好吗？

宝宝：太好了，再来玩一次打电话游戏。

妈妈：你好，我是你妈妈的朋友，你叫什么名字？

宝宝：我妈妈正在忙，你能告诉我你的名字吗？她等会儿给你打回去。

妈妈：太棒了，这次我们再来玩一个妈妈不在家时你接电话的游戏。嘟嘟……

宝宝：你好。

妈妈：你好小朋友，哎呀，你的声音真好听，你肯定是你妈妈的小甜心，你叫什么名字呀？

宝宝：我叫×××。

妈妈：宝贝，你又演错了。不能说自己的名字。你要按照妈妈刚才跟你说的那样表演。

宝宝：可是妈妈，你都不在家，我怎么能让你接电话呢？

妈妈：不，孩子，这时候你更不能告诉他你的名字。面对不认识的人，你要学会保护我们的家，因为他们一旦知道爸爸妈妈不在家，就会上门来偷东西了，所以不能让别人知道我们不在家哦。

宝宝：哇，太棒了，我也能保护我们的家。

妈妈：是呀，只要你守在门后面，不告诉任何不认识的人我们家的地址、你的姓名、有谁在家里，那就能够保护我们的家了。那么宝宝，我们再来一次好吗？

……

在父母与孩子的不断互动和重复之下，让这些自我保护的基本技能慢慢地进入孩子的脑海，直到孩子长大成人。

（三）讲故事形式

作为家长，应该是一位讲故事高手。年幼的孩子好奇心最强，听故事是他们的强项和最爱。当我们要向孩子灌输一些观念的时候，不妨以故事的形式入手，让孩子以最通俗易懂的形式来掌握信息和技能。比如故事《着火了》：

有一天，小白兔一个人在家门口玩。一个小白兔不认识的大黑兔走了过来，拿出了一瓶饮料。哇，这瓶饮料呀，是小白兔最喜欢喝的可乐哦（可挑选孩子最喜欢喝的一款饮料替换）。小白兔一看，可喜欢了。大黑兔说："小白兔，你瞧瞧，喜欢喝吗？你跟叔叔一起玩，叔叔给你喝可乐，怎么样？"小白兔一看，开心坏了，当下就答应了。可是，正当小白兔拿着饮料准备喝下去的时候，大黑兔把衣服一撩，天呀，它竟然是大灰狼装扮的！它露出了可怕的牙齿，正当它要扑上去的时候，聪明的小白兔一下子反应了过来。它马上尖叫了起来："着火了！快来救火呀！着火了！"动物们一听，立刻跑了过来："着火了，快，快去救火呀！"当大家伙跑到小白兔跟前的时候，发现大灰狼正要吃小白兔。大灰狼一看，吓了一跳，马上收起了自己的獠牙和爪子，小白兔见这么多动物过来了，马上趁乱跑到了动物们的身旁，大声喊道："我不认识大灰狼，它要吃我！"动物们气坏了，马上将大灰狼抓起来，送往警察局了。最后，大家知道了小白兔的机智勇敢，都表扬了它。可是，小白兔的妈妈却批评了小白兔。为什么呢？

因为，小白兔是做对了一个动作，那就是如果陌生人把手放在你的肩膀上时高喊"着火了！快来救火呀！着火了！"因为任何人听到"火警"都会前来救助；但是小白兔却做错了最重要的两个动作："不吃陌生人的东西"和"不跟陌生人走"。所以，我们一定不要接受陌生人给的任何东西，特别是食物。如果陌生人对你说：保证带你去一个很好玩的地方，或和你玩一种很有趣的游戏，不要相信，千万不要跟他走。

三、日常教育形式

"出必告"法则：出门一定要告诉家长，无论到何地，即使是出门拿东西，也要跟父母说一声，以免父母担心。

"出门结伴"法则：不可独自行走，出门总要与朋友相伴；不要独自到加油站、戏院、餐馆或其他公共场所的洗手间；空空的大楼、安静的门道虽是好玩的地方，但不可独自到那里玩；有任何不对劲的事，别忘了打报警电话。

"不坐陌生人的车"法则：无论如何，不要坐陌生人的车，哪怕他说是爸爸妈妈的朋友，或是爸爸妈妈让他来接你的。

结语：每个孩子的成长，都需要家长的精心呵护，但家长无法一直陪伴在身边，这就需要家长教会孩子如何保护自己。特别是年幼的孩童，更需要家长教育其自我保护的方法。

心理成长篇：
看得见的沿途风景

涵养情绪自多裨益

蔡广丽

《中庸》首章："喜怒哀乐之未发，谓之中；发而皆中节，谓之和。中也者，天下之大本也；和也者，天下之达道也。"

古老的东方哲学告诉我们符合常理、有节度地表达非常重要。要做到有节度地表达情绪，就要从小涵养情绪，让正面情绪常相伴，让负面情绪快消散。

小学生是天真烂漫的，可能前一秒哭下一秒又会笑，这是孩子的天性。但进入小学生涯开始，一个更广阔的天地正等待着他们，有更多的人和事、更多的知识，也会有更多的问题和烦恼，这就需要我们更细心、更多地注意他们的情绪变化。我们可以从以下几方面去涵养孩子的情绪，相信我们的孩子会因此更阳光、更积极。

一、活动强化好情绪

人生活在群体中，情绪是群体中人际沟通的重要手段，群体活动也对强化积极情绪起着重要作用。

孩子们进入学校，学校有班会、运动会、唱歌比赛、各个节日的活动、篮球队、吉他队、健美操队……他们在这样的群体活动中，既增强了自信、锻炼了意志力，又增强了集体的凝聚力。

在家，亲子小游戏、小伙伴间的小游戏，都可以很好地强化孩子们的积极情绪。

在我们班，家长们组织了一个溜娃活动，时间固定在周五晚，他们相聚在小区楼下，孩子们一起滑滑板、一起捉迷藏，甚至还一起挨层去搜索我住在哪儿，虽然他们并没有找到，但那种兴奋的表情让你觉得他们充满了快乐。我非常喜欢我们的"溜娃帮"。

二、环境沾润好情绪

素雅整洁的房间、旋律优美的乐曲、风光秀丽的景色，都会沾润人的好情绪。舒适的环境令人恬静，能令人静下心学习，反之，脏乱差的环境令人抑郁、暴躁。学校非常重视班级文化布置就是希望给孩子们一个明亮、舒适的学习环境。那么在家，各位家长不妨抽出时间来，和孩子一起清理布置房间，给孩子一个宁静舒适的环境。在这样的环境中，孩子们自然多一些愉悦，少一些烦躁。

三、阅读涵养情绪

"书中自有黄金屋，书中自有颜如玉。"阅读对情绪最大的作用就是涵养情绪。

书中的故事让我们获得智慧。我们读《三国演义》，读到周瑜因度量狭小被诸葛亮气死；伍子胥因极度焦虑一夜间白了头，懂得了极端的情绪对人会有伤害；我们在《小布头奇遇记》里学到遇到困难要乐观面对并努力克服；在《一千零一夜》里读到了机智、勇敢、善良……还有各种各样的绘本故事，带给我们各种各样的智慧。

古诗凝结了古人的智慧，同样可以唤醒人的不同情绪体验并滋养情绪。例如，读《游子吟》体会到感恩的情绪，读《登鹳雀楼》体会到人生的目标感和努力追求的情绪，读《赋得古原草送别》体会到顽强的生命力和生生不息的力量……

不单是故事、古诗，还有各种各样有益身心的书，都能为孩子们打下丰厚的精神基础。多读书、读好书，涵养了孩子们的情绪，让孩子们更有目标、有追求，更加积极阳光向上。

结语： 多活动、安环境、常阅读，涵养熏陶，对孩子的情绪自多裨益。

情绪管理之克己

惠曦

墨子见染丝者而叹曰："染于苍则苍，染于黄则黄。所入者变，其色亦变，五入必，而已则为五色矣。故染不可以不慎也。"在我看来，教育孩子与此是一个道理，家庭教育如染丝者，不可不慎也。借此文来说说良好的情绪教育决定孩子未来的情商。

说到情绪教育，不得不先认识情绪。什么是情绪？心理学给它的定义：情绪是对一系列主观认知经验的通称，是人对客观事物的态度体验以及相应的行为反应，是多种感觉、思想和行为的综合。好情绪会使人更加活跃，思维敏捷且思路清晰，对人际关系沟通会起到积极促进的作用；而坏情绪刚好相反，心理学上的"踢猫效应"显示坏情绪随着社会关系链条依次传递，带来一系列不好的影响。鉴于此，人不但要能理智地控制好自己的情绪，还要与人为善，给周围人带来慰藉与鼓励，这就是"克己复礼为仁"中的克己，强调了人要克制自己，要善于控制和管理自己的情绪。要想教会孩子克己，建议从以下几方面着手。

一、正确认识情绪

怎样认识情绪？我曾经有如此经历：有时我觉得自己过得还挺好的，也不觉得疲惫，但这时候有个朋友看到我，说："哎呀，你看起来好憔悴的样子。"然后我心里想："也许我是真的太疲惫了。"又比如孩子在学习，因为跟同学起争执，体验到不愉快的感受，他可能就会在心里告诉自己，我现在很"生气"。于是，他的想法和行为都会进一步调整到生气模式。而他也可能只是因为这场争执而受挫，但是因为不知道如何表达"受挫"这种感受，反而错误地评价了自己的情绪，并把自己导向了另一个方向。这就告诉我们，语言对我们的情绪有着潜移默化的影响，而找到合适的词汇来描述自己的情绪非常重要。正确地认识情绪的好处至少有三个：第一，可以想一想自己的情绪问题是什么，产生的原因是什么，这样才能更好地应对，也可以让我们更好地理解他人的情绪。第二，可以缓解负面情绪。当你在思考自己究竟处在哪些情绪之下的时候，你在动用前额叶皮层，也就是大脑的决策层。这是高级思考的部分，而不是原始本能的直觉，一开始分析，就有助于你平静下来。第三，一个人越能精准地认识自己的情绪，就越能掌握处理情绪的能力。

二、正确表达情绪

表达情绪是否恰当很关键。如果仔细观察一下会发现，糟糕的情绪表达往往是以"你怎么怎么样"开始的，把矛头都指向对方。要想避免这样的问题，我们就要学会恰当地表达情绪。那么，可以试试这样表达，"我感觉……""我希望……"，平时多练习用"我……"来表达情绪是非常智慧和高情商的做法。

三、接纳所有情绪

孩子们每一个情绪的到来都是很好的沟通和教育的机会，我们应该做的不是对时间做出反应，而是对情绪做出回应，先处理情绪，后处理事情。这时家长不妨试着说：你有生气、失落、讨厌、焦虑的情绪都很正常，妈妈完全理解你现在的心情。让孩子感受到被接纳、被爱，有了这种信任的安全感，孩子们会放弃抵触和抗拒的刺，再处理起坏情绪来就事半功倍了。

四、共情促自省

首先要全神贯注地聆听孩子说话，倾听时保持眼神交流，适当运用肢体语言表达自己的关心，并把孩子的感受用恰当的词表达出来，可以采用镜像法、故事法、情境法等方法来达到与孩子共情。有了共情的基础，可以自己的处理方式以故事的形式说给孩子听，也可以心平气和地和孩子一起探讨怎么处理才更好，从而促使孩子对整个情绪进行反省，达到自省自悟的效果。

五、管理有策略

著名心理学家格罗斯就此提出了情绪管理的过程模型，他指出情绪管理是指"个体对具有什么样的情绪、情绪什么时候发生、如何进行情绪体验与表达施加影响的过程"。

我们在情绪发生过程中的每一个阶段都可以管理情绪。策略一：压抑情绪并不是上策。格罗斯曾经形象地用水管里的水来比喻情绪流动，他认为如果你只是把出口堵上了就以为万事大吉了，那你就错了，时间一长可能会在另一处井喷、爆裂。策略二：情境选择。情境选择是指：我们通过靠近或者避开某些人、事情或者场合来调节自己的情绪，这是人们经常或者首先使用的一种策略。在情绪不佳的时候，首先可以换个环境。策略三：情境修正。情境修正，是指我们通过改变情境来预防自己遇到可能导致某种情绪的情境，以避免出现不希望的后果。比如孩子在玩拼图，总是拼不好，家长适时给予口头上的指导，让他可以顺利地完成拼图，这就是家长帮助孩子修正情境，可避免后面可能发生的情绪崩溃的情况。策略四：注意分配。注意分配就是通过调整注意力，让自己不去关注那些让我们产生不良情绪的人和事，或把关注点投放在情境中的某些方面。比如想到自己的体重，又忍不住吃零食的时候，可以找人聊聊天，抑制吃零食的冲动。策略五：认知改变。认知改变，指我们改变对情绪事件的理解，重新理解情绪事件对个人的意义，从而改变我们的情绪。大白话就是：怎么想，才能少生气。为什么认知能改变情绪呢？大多数人会不假思索地认为，我们的各种情绪，是那些发生了的事情所带给我们的感受。例如，我们觉得开心，是因为自己被表扬及肯定。我们感到愤怒，是因为别人招惹了我们。但其实，影响我们对一件事情的反应的，不是事情本身，而是我们对这件事情的判断和评价。比如孩子迟迟不肯去洗澡，如果你可以把孩子的行为理解成他希望能够多和你待一会儿，而不是故意挑战你的权威，你的情绪走向就可能完全不同了。恰当的策略选择会让我们更好地面对情绪，从而更好地克制自己。

正如拿破仑说的能控制好自己情绪的人比能拿下一座城池的将军更伟大。亲爱的家长们，只有教孩子学会克己从而学会更好地解决情绪，孩子才有可能成为一个高情商的智者！

结语： 子曰"克己复礼为仁"，教孩子学会克己，孩子才有可能成为一个高情商的智者！

"期待效应"出品牌

——家庭教育指导心得

贾 取

诗人席慕蓉在《际遇》中曾说过这样一段话：因暮气，因灯光，因众人鼓掌，才发现，我的歌竟是这一幕的辉煌。今天，对于已为人师表的我们，不知有多少人曾经这样描述我们教师，说教师是春蚕，是烛光，还要做那暮气，做那灯光，做那鼓掌人，因为，只有这样，才能让我们的学生发现自己是这一幕的辉煌。

作为一个初出茅庐的新教师，摸着石头过河，一路跌跌撞撞与摸爬滚打，六个学年仿佛在不知不觉中就这么过去了。驻足于此，回首这段时光，在这点滴中，我渐渐地发现，老生常谈的"家校合作方能实现教育效果的最大化"绝不只是一句口号，而恰恰是教育中不可或缺的一部分。任职期间，我除了担任学科老师、班主任，还是学校的心理老师，回顾我经手的个体心理辅导档案，有一点发人深省：这些来到心理咨询室的、班级老师口中的"问题学生"，无一例外，最终的根源几乎都可归结于家庭。当然，这并不是在推卸教育责任，而是一个值得我们深思的、能为我们接下来的教育教学工作提供参考方向的发现。至此，家庭教育的重要性不言而喻，那么在实际中我们又可以为家长、为家庭教育工作提供哪些具体可行的操作性建议呢？

我首先想谈的就是期待效应。无论是教育心理学的理论知识还是教育教学工作实践都告诉我：在日常教育教学工作中，如果能够让孩子变得自尊、自爱、自信、自强，那么孩子就会在各个方面都取得异乎寻常的进步，而且这样的进步要远远强于父母说教或叮嘱的效果。然而这些特质都属于个体的自我意识，自我意识水平的提高却在绝大程度上依赖于个体自身的主观能动性。因此，我们要更加注重孩子的自主性发展，要努力让孩子变得自尊、自爱、自信、自强，并且要把这四项自我意识性内驱力充分地运用到其本身的学习与成长中来，以达到我们所期望的效应，这种效应也称罗森塔尔效应或皮格马利翁效应（Pygmalion Effect）。

期待效应是源自瑞典著名心理学家罗森塔尔的一项心理学实验，之后几经教育实践证明：教师热爱学生，对学生抱有良好的"期望"，可以产生积极的效应。从心理学的角度来看，罗森塔尔效应实质上就是一种暗含期待的教育效应。当学生从老师那里得到愉快的鼓励和热情的激励后，会激起对教师更真诚的尊敬、信赖和自身的上进心与决心，如此日积月累、良性循环，就会产生期望的效果。通俗地来讲就是：好孩子是夸出来的。结合我们教育对象的实情，我带着家长们一起秉承"期待效应"的核心理念，在日常的教育教学中有意识地夸夸孩子，尽量地给予孩子更多的鼓励与期望。具体来说，包括以下三大方面。

一、说你行你就行

"期待效应"告诉我们一个很直接的观点：对他人传递积极的期望，会使对方进步得更快；对他人传递消极的期望，会使人自暴自弃。所以在日常学习生活中，我和家长们尤其注意相信我班孩子，虽然他们只不过是六七岁的小孩子，在很多成人眼里尚不足以完成很多事务，但我坚信"期待效应"的"说你行你就行"，放手让孩子去做，让孩子成为老师和家长的好帮手。比如教室的卫生值日工作，我每天都会去教室里不厌其烦地一遍又一遍地叮嘱孩子："你们要学会自己动手打扫教室，因为你们是小学生了，你们可以做到的。"又如班级文化建设的时候，很多别的班级都邀请家长来帮忙，但是我考虑到家长的时间有限，更重要的是考虑到这是一次很难得的培养学生自主性的机会，便跟家长们协商好，班级文化建设由孩子们当主要的设计师和践行者，家长和老师只担安保之责，在一旁看护他们的安全，必要时提点一二，但不会直接代劳。对孩子们则说："老师和爸爸妈妈都相信你们自己也可以动手做得很好很棒的，因此咱们的教室就咱们自己动手布置。"于是，我们的教室里出现了一道"亮丽的风景线"———帮学生动手布置教室后面的展板，虽然他们的手法稍显稚嫩，虽然他们的字迹远远达不到成人的苍劲娟秀，虽然他们的画笔少了几分规整，但是在我眼里，他们做得足够好！并且我就是这样告诉他们的："瞧，你们真的可以做得很好啊，你们自己动手布置的教室多么温馨、多么舒适啊！"

二、期待要具体

无论是"期待效应"的启示，还是正面管教系列课程的观点，都让我们深知，正向期待、夸赞表扬鼓励，时常比气急败坏、怒声呵斥、棍棒伺候的效果更佳更妙，"你真棒！"这样的夸赞我们也是随时都可以脱口而出的，但要注意，如果我们总是笼统地、概括性地表扬孩子，总会有失效的落幕时刻，更消极的影响是，可能会让孩子感到无所适从，因为孩子不知道到底是因为自己哪一个不同寻常的动作或行为得到了如此高的评价。因此，我们需要对孩子进行有针对性的具体表扬，极致细节，从而能让孩子明白自己到底棒在哪里，也就可以对应地正面强化、负面消退了。

三、称赞每一个孩子

著名的心理学家杰丝·雷尔说："称赞对温暖人类的灵魂而言，就像阳光一样，没有它，我们就无法成长开花。但是我们大多数人，只是敏感于躲避别人的冷言冷语，而我们自己却吝于把赞许的温暖阳光给予别人。"生活中需要像称赞一样直接明了的期望，因为这种期望更易于被孩子理解，也更易于让孩子接受。当孩子完全地理解并接受了这样的称赞后，它能转化成无穷无尽的力量，也能够促使孩子向着这个方向发展。

每个孩子都在心里期待重要他人的欣赏和赞许，这个重要他人可能是老师，更可能是父母。如果给予孩子积极的、正面的期待，那么孩子就会努力维护自己在你心目中的良好形象。所以，我们要把我们对孩子的正面期待告诉学生，这样孩子就会朝着我们所期待的方向不断努力，并且最终成为我们所期待的那种人。

总而言之，作为孩子重要他人的父母，应该给予孩子更多的鼓励与期望，还应该把这种效应用于孩子身上。要告诉孩子，他们是世界上最聪明的一群人，让孩子对自己增强自信心，对自己的人生前途充满希望。在生活实际中，用对待"别人家孩子"的态度方法对待自己的孩子，多给他们一些积极的期待，这样，每一个孩子都将变得越来越优秀。

结语：每个人都有变好的愿望，每个孩子都有想学好的内在动机，更拥有无限的潜能，我们要做的，是诚意满满地信任他，爱意浓浓地鼓励他，满怀欣喜地期待他。

等待你的第二颗棉花糖

——孩子自控力的培养

贾 取

20世纪60年代，美国斯坦福大学心理学教授沃尔特·米歇尔（Walter Mischel）设计了一个关于"延迟满足"的实验，也就是举世轰动的棉花糖实验。实验揭示了延迟满足能力/自控力与个体成就之间的关联。这个实验至今仍被广为流传，虽出现了很多批判、质疑、否定的声音，但科学研究本就是在不断的争议之中不断精进的。无论是坚决拥趸的粉丝，还是质疑与否定者，无一例外，都默认了这样一个事实：那些在诱惑面前能够坚守忍耐，最终克服漫长的等待而赢得更丰厚回报的人，在各方面似乎更出色。我们把这样的人称为自控力强或延迟满足能力强的人。"延迟满足"的定义是：为了获得将来的更大利益，自己主动延迟或者放弃眼前较小的利益。这种能力的重要性不言而喻，我们可以想想在日常的学习生活中如何培养孩子的延迟满足能力/自控力。

一、激活强化大脑理性的冷系统

面对桌子上唾手可得的美味棉花糖，实验中的孩子有些选择捂住眼睛——"眼不见心不想"，或者跟自己做游戏、敲打桌子制造声音——"干点别的"，甚至还有孩子通过一遍遍地告诉自己"这颗棉花糖是在画框里的，画是不能吃的！"把真实可感的东西变得有距离感，从而让自己不那么垂涎棉花糖，帮助自己克服冲动，最终获得第二颗棉花糖。另一部分孩子则在脑海里不断重播这样的画面：棉花糖是最好吃的东西，甜甜的，香香的，吃起来软软糯糯的……迫不及待地把面前的美味大口吞进嘴巴里。

面对桌上的棉花糖，孩子们两种不同的反应其实对应了两种不同性格的人，而背后的作用机制是大脑边缘系统中杏仁核的发育程度不同。"即时满足"对应的是感性冲动型，他们被大脑边缘系统的"热情绪系统"所主导，当唤起情绪的刺激物（如棉花糖）出现时，热情绪系统会迅速做出最简单直接的类条件反射，情绪一旦上头就无法抑制，只有当诱发物得到满足时躁动情绪才能平息。"延时满足"对应的是理性认知型，当情绪出现时，他们能通过策略抑制"热情绪系统"的运作，激活位于大脑前额叶皮层的"冷认知系统"，从而做出更理性的抉择。

通过语言与行为的示范引导，帮助孩子的"冷认知系统"发育得更好，这是培养孩子延迟满足能力的策略之一。

二、自控≠硬抗

看完米歇尔教授对延迟满足大脑皮层系统活动机制的分析，很多人提出了质疑："看来延迟满足能力是天生的，那又何来后天培养呢？"对此，米歇尔的书中用这样一句话做出了有力的回应："自控力来自基因，但它像肌肉一样可以通过锻炼增强。"自控力怎么增强？如何培养？硬抗？显然不是。从经典的棉花糖实验中孩子们各种真实的反应，我们就能找出一些增强自控力的技巧，我们要运用策略来抵抗诱惑。

那些最终等到了第二颗棉花糖的孩子并不是坐在桌前干巴巴地等待。他们会自己给自己找点事儿干，如离开座位在房间里四处游荡，如捂住眼睛不让自己看棉花糖，如小脑瓜里想想别的事情……这些都是对抗诱惑的策略，我们可以归纳出三种方法。

（一）隔离诱惑物

此方法适用于干扰刺激离得很近。在此情况下，我们可以人为地跟诱惑物保持距离，离得远远的，这样诱惑物的吸引力就会随着空间距离的扩大而削弱。例如，孩子们都知道，在课堂上要高度专注，可是小学生的有意注意极限是20分钟，小学里一节课40分钟，要让孩子做到挑战两个时段的极限，保持注意力集中于课堂上应该关注的地方，很多时候就会用到"隔离诱惑物，排除干扰"的方法。例如，面对各种玩具造型的橡皮文具，总忍不住想去摸两下，这时候就可以把诱惑自己分心的刺激物——橡皮提前收起来，不要放在视线之内诱惑自己。这也是老师提倡不要给孩子准备太花哨的文具的原因，作为家长，也要配合执行老师的这项提议。

（二）转移注意力

俗话说"眼不见心不烦"，这其实就是转移注意力。成年人要减肥时就会把各种薯条、可乐、牛肉干、巧克力都丢开，看不见诱惑物，才能更好地控制自己。同理，小学生延迟满足能力的培养中，也可以运用转移注意力的方法。这种方法的原理跟隔离诱惑物相仿。

（三）让目标可视化

很多人误解棉花糖实验，认为其实验变量的控制不够严密，那些十五年后比较成功的人大多是家庭经济基础较好，受过良好的教育，是马太效应的集中者，因此他们的成功不应仅归功于延迟满足能力强。其实这类文章很多都有些断章取义了，仔细阅读米歇尔教授的《棉花糖实验》一书，会发现实验设计者的初衷并非要验证延迟满足能力与个人成就之间的正相关，更遑论用棉花糖作为测试，看看哪些孩子日后可以获得成功。棉花糖实验带来的启发是，教育工作者要知道培养孩子延迟满足能力的重要意义以及培养策略和其背后的原理机制，知其然并知其所以然。书中有个章节讲"信任的力量，要相信还会有第二颗棉花糖，等待才有意义"。我把这点归纳为要让目标可视化，要让孩子知道，他经过漫长等待的煎熬之后是可以获得他渴望的东西的。画饼充饥、望梅止渴，要的的确确有可以吃的饼和能止渴的梅子在前方等着。就像我们常常对孩子说"等你考了全A我就奖励你……"，承诺了就要兑现，否则孩子克制忍耐后发现一场空，那么再用这种策略培养孩子学会自控、延迟满足都将无济于事。

结语：延迟满足，培养孩子的自控力，并非压制孩子的生理本能，而是让孩子掌握平衡内在冲动的策略，让孩子有能力面对人生的诱惑与荆棘。

赏识教育中的"翻译"技巧

贾取

　　以"生命如水，赏识人生，学会赏识，爱满天下"为基本宗旨的赏识教育已经得到了越来越多家长与教师的青睐，实践也证明赏识教育的确可以有效培养孩子的自信心以及学习的积极性、主动性和创造性，从而达到教育的目的。但也恰是在教育实践中发现，这种教育策略的一个弊端正如雨后春笋般悄然膨胀——得到父母或教师的"你真棒/你真是个聪明的孩子"的评价之后，孩子并没有出现我们预期的再接再厉的优秀表现。那么，不这样夸奖孩子，我们该如何继续赏识教育呢？

　　斯坦福大学著名心理学家Carol Dweck教授在这方面做了大量研究，他指出，人的思维类型分为成长型思维模式和固定型思维模式，前者就是"能力渐进论者"，他们相信自己的能力可以通过努力得到提升，拥有成长型思维的孩子做事不易放弃，更能从过程中享受到乐趣，更容易寻求帮助，复原力也更强；后者则认为自己的智力和能力是定量的，是不会变化的。夸奖孩子"你真聪明"，就是在扼杀他/她的成长型思维，会让孩子自动将结果归因于其本人的天生特质上。因此，要让赏识教育有效发挥作用，我们需要在语言表达上实行"翻译"技巧。

一、把赞赏的简短词句翻译成"描述性的语言"

赞赏的简短词句最大的问题在于空洞，没有具体内容，只是加以笼统的界定，这样的赞赏会给到孩子一种心理暗示：父母老师欣赏的只是事情的结果和你取得的成绩，而不是事情的过程及你为此所付出的努力。用描述性的语言进行赞赏，就是要把笼统的"你真棒"翻译成"你在什么事情上如何做得真棒"。例如，课后练习时表扬孩子可以这么说："某某同学的字一笔一画、非常工整，而且每个字都刚好住在田字格里面，不大也不小，看着真舒服！"课堂行为习惯树立好榜样时可以这么说："某某同学课堂上总是腰背挺拔，坐得端端正正的，眼睛也总是追随着老师的一举一动，从不东瞧瞧西看看。"表扬孩子时不要简单地一句"你整理了书柜，你真是个好孩子"，可以试着这么说："老师一眼看到教室外的走廊书吧被整理得干干净净，各种图书按照形状大小分类放的，磨破的书皮都用胶带粘上了，好多路过咱们班教室的老师同学看到这么干净整洁的书柜，都觉得非常舒心。"

二、把评价性的论断翻译成"成长性的语言"

小学阶段的学生因为自我意识水平的发展有限，对自己的认识和看法在很大程度上依赖于教师的评价。很多心理学研究者也都发现，在儿童早期，教师是个体生命成长中的关键性他人，这个阶段的学生格外在乎老师的评价。教育实践中也常常看到这样的场景：老师高度评价某一个学生的作品很棒之后，就会有一大帮学生蜂拥而至，拿着自己的作品把老师围个水泄不通，并大声叫着"老师，那你看看我的怎么样"。对于那些做得并不好的学生，这个时候假如我们直言说他/她做得不好或者说他/她下一次可以做好，就消灭了他/她继续下去的动力，他/她也不知道究竟该如何改进、如何下一次做好。因此，当一个孩子拿着确实很糟糕的作品给老师评价时，切忌用一句评价性的论断回应，而要使用成长性的语言，不仅要鼓励他/她继续努力，还要解释具体该怎么做下次才能做得更好，比如"书写混乱"意味着"笔画要工整，每行的汉字或算式应该排成一条直线"，"计算粗心"意味着"在加减混合运算方面需要更多的练习"，"行为粗鲁"意味着"需要等别人讲完话之后再开口或者不要用攻击性的语言表达愤怒"。

结语： 告别固定性思维，培养孩子的成长性思维，让"夸夸你"的魔力更大化。

有效亲子沟通——有话好好说

邓 熠

"妈妈，我知道你们大人的套路。每次只要我们小孩说了跟你们不一样的想法，你们表面上同意，后面就会用你们大人的样子来压我们，然后用一大堆道理来说服我们，真没意思！"八岁的女儿如是说。

在和孩子好好说话，促进亲子间的有效沟通方面，女儿给我上了一课。

当孩子慢慢长大，我们慢慢变老，突然有一天，我们会发现，孩子已经懒得和我们说话了，或者，我们已经不知道要跟孩子说什么了。这一切，都源于我们"没好好说话"。

曾经的我们，是否这样说过？"谁让你看电视了，作业写完了就去看看书，成天就知道看电视！"曾经的我们，是否无论在什么情况下，总能找到"教育"孩子的"契机"，从不放过任何一个提点孩子的机会？

我们常常把自己当作警察、保姆、教员，在与孩子沟通时，常常用指责、讨好和超理智的"教育"来代替作为父母的温柔、爱的语言。在家庭中，若有话不能好好说，有效沟通就成为奢望。

亲子间的有效沟通说难不难、说易不易，但最基本的，是要我们用心做到兼顾自己和孩子。

兼顾自己，父母就要回归自己的本真，在孩子面前只做父母。不做看押者，时刻警告威胁调查审问；不做教员，时刻说教规劝。作为父母，我们要做他们的引领者、支持者和陪伴者。同时，在孩子面前，我们也要做一个有血有肉的、正确表达自己感受的父母。只有我们做真正的父母，孩子才愿意成为孩子。

兼顾孩子，即要从孩子的角度去看待问题，说他们听得懂的话，提他们能达到的要求。而最重要的，是了解他们当下的情绪。借用一句情绪管理中常用的话："情绪个体越善于了解他人的情绪，就越能善于控制本人发出的信号。"亲子关系中，亦是如此。父母越善于了解孩子的情绪，也就越善于控制自己发出的信号，如我们说话的表情、语气等。在了解孩子情绪的基础上，我们才能真正接受孩子与我们不一样的看待世界的方式和想法。

在适合的场合，考虑到孩子尊严、心理的前提下，父母将自己的感受直接传递给孩子，才能实现有效沟通。这不仅能让孩子感受到父母的关爱与担心，更能帮助孩子找到适合的处理办法或总结出自己优秀的品质。

在经历了太多无效沟通的教训之后，笔者查阅了大量资料，并经过实际操作，学会了一种相对有效的亲子沟通方法：有效沟通五步法。

（1）客观描述当下的事实。

（2）说出父母的感受以表明态度。

（3）找到孩子的需求，孩子得到了什么。

（4）找出更多的、新的办法，或总结出成功的经验，以更好地解决当下的或今后类似的问题。

（5）提出未来的希望，以增强孩子处理问题的自信心。

那么，在日常生活中，如何来操作这种方法，父母要怎么说呢？（以孩子不完成作业为例）

（1）听老师说，你没完成作业。

（2）我很难过，因为我担心你落下功课。

（3）不完成作业，对你来说，有什么好处呢？（不用受累，可以有时间玩……）

（4）用不完成作业来换取轻松和玩的时间，这是一种方法，但这种方法的结果是受老师批评、落下功课，还是有问题的对吧？让我们一起来想想，还有没有更好的办法，既能够不被老师批评和落下功课，又能换取轻松和玩的时间？（提高做作业的效率，分板块完成，做得更优秀，以换取免作业的机会……）

（5）刚才我们找到了一些方法，希望下一次能用上这些方法。

五步法并非灵丹妙药，因为它还受到许多因素影响，还有许多细节需要注意。比如父母、孩子当下的情绪，父母问话的方向、角度，以及说话的表情动作，等等。此文就不一一赘述了。

结语：有人说，做父母就是一场修行。是的，在这场修行中，能让孩子与我们"无话不谈"，相信是我们一生中比较有意义的期许和结果。但愿，我们这一群心怀美好愿望的父母，在这场修行中越走越顺、如愿以偿。

让害羞的小花绽放快乐

田晓丽

宝贝,这学期你表现很棒!但还有些腼腆,不爱说话,希望以后能够大声发言。

你是个很棒的孩子,但你上课不爱举手,你比较内向,老师希望你能多交些朋友……

每每看到这样的评语,家长就会非常焦虑,孩子的一举一动都牵动着家长的心,任何"差距"都会让家长心中的太平洋翻起波浪。其实,我们应该正确看待害羞,害羞是个特质,不是缺点,就算孩子比其他同龄的孩子更害羞一些,他也可能只是比较谨慎,或者思考的比较多,所以跟别人互动的时候,反应稍微慢一些,但并不代表他就害怕或者不喜欢社交。

有些家长强硬地把害羞的孩子从"后台"推到"前台",强迫孩子在别人面前表演不害羞,这是有害的。家长们要避免走入三个误区。

一、做孩子的代言人

要让孩子自己说话,给他点时间。大人如果把孩子要说的话都抢了,他当然就没机会说话了。而且这种谈话交流的经历,可能会变成他的一个负面经历,将来他就会更害怕和陌生人交流。

二、轻率地给孩子贴标签

还有一种家长，轻率地给孩子贴上"害羞"的标签。比如当着小孩的面跟别人说："抱歉，我这孩子就是太害羞了。"其实，孩子都非常敏感，这种贴标签式的语言会让他以为害羞是件很不好的事情，是他自己出了问题。有时候，孩子干脆就躲在"害羞"的标签下面，觉得自己有理由不去跟别人交往，反正你们大人不是说我害羞吗！

三、过度保护孩子

还有一种情况，来源于平时对孩子行为的过度保护。这种情况很常见，特别是爷爷奶奶外公外婆这些祖辈，往往会过度保护孩子，总对孩子说"不要乱跑""当心"……这会让孩子以为这个世界很危险，变得不愿意主动探索。有了这样的想法后，孩子就逐渐变得胆小畏缩、变得害羞了。

家长要多关注孩子的感受和需求。当孩子害羞时，其实正是他心理焦虑的时候，你需要给的是微笑和鼓励的眼神，而不是直接包办了他学习社交的机会。如何帮助孩子克服害羞，培养开朗的性格呢？

（一）教孩子怎么跟人打招呼，怎么加入到别人的圈子里去

孩子看见别人在玩，想加入，但是又不敢，这时候你的机会来了。你可以先给孩子一个预热的时间，把他带到旁边观察，轻声介绍那些人都是谁，让他心里有底。时机一旦成熟，你就可以直接建议他怎么去说话："我能不能和你们一起玩积木？""我可以跟你们一起运沙子吗？"这就是手把手地教孩子观察他人，并发起互动的方法。

（二）家长主动组织活动，来培养孩子的社交能力

家长可以帮助孩子扩大交往范围，主动组织一些集体活动，为孩子创造在公共场所发言的机会。比如和朋友一起外出野餐时，可以让孩子以主人翁的意识为大家服务，鼓励孩子用真诚的微笑与他人沟通，渐渐打开心扉，体会到与人交往的乐趣。

无论是孩子还是我们，都需要融入不同的团体和社群，我们要心态轻松、不急不躁，用正确的方法引导，让害羞的孩子用自己的方式绽放快乐。

结语： 每个孩子都是一朵花，只是花期不同，有的花开在春天，有的花开在秋天，我们能做的只有默默耕耘，静待花开。

孩子的"两面派"

段津津

　　橘生淮南则为橘，生于淮北则为枳，所以然者何？很多家长都有这样的苦恼：孩子在学校是人见人爱的好学生，回到家就完全变了样，处处和父母顶撞，特别任性无理，家长不知道该拿这样的孩子怎么办。这些情况都不是个例，如果不引起重视，不及时矫正，就极易造成孩子性格上出现两面性。这就是我们这篇文章主题所说的"两面派"。

　　造成上述现象的原因，大多是孩子所处的环境不同。通常来说，学校是大环境，家庭是小环境。在校，一个学生只是几百分之一甚至是几千分之一的个体，即使对于一个班级而言，也只能获得教师几十分之一的关注。而学生在家里受关注比起在学校受关注容易得多，即使现在国家开放二孩政策，但家中平均起来也不会超过2个孩子，那么学生为了在学校获得等同的关注，就会隐藏自己的一部分，去迎合学校的要求，表现出好的一面。孩子们在家备受关爱，到学校后，由家庭的核心变成了众多学生中普通的一员，失去了"一对一"的特别的关照，便很容易出现上述现象。对此，家庭和学校双方都要给予足够的重视。

　　这种现象发生的具体原因如下。

一、环境不同

　　学校是一种群体环境，学生本体表现得好坏直接会影响到个人在别人心目中的形象和声誉。心理学家威廉·詹姆士曾说过："人类本质中最殷切的要求就是渴望被肯定。"人人都希望得到肯定，孩子们也都不例外，也想得到他人的赞誉，所以孩子们会将好的表现展现在他们的同学和老师面前，同时自己也得到了一种自尊心的满足，并激励自己今后更加努力。而在家里，家长因为孩子的不良表现批评唠叨时，他自然就表现出叛逆的状态，是因为他心里很清楚，全家人都视他为掌上明珠，他是爸妈的心肝宝贝，无论他有什么样的表现，哪怕让他们极度生气，他们内心深处对他的爱也是不会改变的，所以较之学校，他不必担心在家中的表现会影响自己的"形象"。

二、与学生青春期心理的特点密不可分

处于这时期的孩子们都有共同的心理特点，他们渴望被他人认可和喜欢，甚至是被他人崇拜，由此他们就会为之去努力，使自己朝所想的方向发展。这种渴望是希望被同龄人所认可而非家庭成员，这也是造成"两面派"的原因之一。

三、家长对于孩子的期待过高

如果家长经常对孩子说："你看，某某家的孩子怎么怎么好，你呢？"久而久之，孩子会觉得家长眼里总是别人家的孩子优秀，长期的"隐形打击"使得孩子们在家越来越没自信，从而希望在学校获取来自同学和老师们的认可。

当然，这种现象的出现远远不止我说的这三种情况，我只是列举了较为典型的。那么针对以上情况，我们来谈谈如何应对。

（一）建立相对平等的家庭关系

首先，家长应改变自己的教育方式，与孩子建立相对平等的关系。很多家长是溺爱孩子，不知不觉中使孩子成为家庭的核心，这很容易让孩子变得自私和任性。而有的家长采取权威式的教育，这种教育虽然没有使孩子变得任性自私，但是也没有尊重孩子的意见和想法，孩子没有话语权。这样又容易让孩子在家变得不敢表达、不愿表达自己内心真实的想法。因此，家长对孩子要爱严相济，进行良好的交流沟通，以理服人。这种平等健康的家庭关系有利于孩子较快适应由个体家庭环境向集体环境的过渡。

（二）制定家庭行为规范

在家里，家长可以为孩子制定一些基本的行为规范和制度，让孩子明白在家里什么事

情应该做，什么事情不应该做。制度一旦制定好，家长和孩子一定要坚持执行，不能因为孩子哭闹就心软。夫妻在教育孩子的问题上，应该统一口径，不能唱反调。当然，执行制度时，家长自己应带头遵守。另外，为了让孩子在家里身心得到放松，在执行规范时要注意技巧。比如，孩子把事情做好，要适时予以表扬、肯定等鼓励。

（三）保持有效及时的家校沟通

家校沟通不用多说，这在孩子读书的任何阶段都是非常重要的。有的孩子在家和在校有两种不同的表现，家长感觉到非常意外，这中间最重要的一点就是家长和老师的沟通不够，以至于老师和家长都不了解孩子在对方环境中的各种习惯。在与老师沟通的过程中，家长不仅要了解孩子的学习情况，更要了解孩子在校的思想、言行、人际关系，如果发现孩子在校、在家表现截然相反，就应立即与老师配合，努力探寻其中的原因，积极地帮助孩子调适心理，化解矛盾和问题，使孩子做到家校表现尽量一致。

（四）适当增加孩子的抗压能力

现在，很多孩子抗压能力都较弱，听不得别人对他的批评和建议，表现出孤僻、任性、自制力弱等缺点。针对这些情况，家长和学校可以对其进行有针对性的心理健康指导，尽量让他感受到来自家长和学校对他的关爱。与此同时，要适当地让孩子们有足够的选择空间，他们自主选择得越多，成败之间的教训就会越多，这样孩子就会有自己的一个意识，知道成功不是必然，失败应该接受，这样抗压教育就能得到很好的实施。

孩子的家校表现不一致，这种差异性有一定的原因基础，与学校环境和家庭环境的区别有着直接关系。在这里我要建议家长朋友们，多多关注您的孩子，多沟通多陪伴多鼓励，帮助他们尽早实现在家与在校表现的一致。

结语： 并非是孩子选择了当"两面派"，如同儿时的我们，他们只是在本能地适应成人世界的众多期待。

成长的困惑我们共同面对

林 茸

问题一：上高中的孩子本应懂事，然而家长一说他就烦，该如何与他交流？

（一）对象分析

孩子的高中阶段，正是埃里克森在心理社会发展期理论中所说的第五个时期，即"同一性与角色混乱"心理危机，正是个体进入青春期之后接受初中和高中教育的阶段。埃里克森认为，这一阶段是人生全程八段中最重要的时期，可以说是人格发展历程中多个关键中的关键。这个时期的个体所面临的发展性危机主要是"自我统整"与"角色混乱"两极之间的矛盾。

也就是说，孩子在这个阶段里会进行"自我统整"，正在进行个人自我一致的心理感受，他正在寻思着"我是谁""我在社会上应占什么样的地位""我将来准备成为什么样的人"以及"我怎样努力成为理想中的人"等一连串的问题。从埃里克森的这一理论来看，孩子由于身心两方面都产生了很大的变化，便开始思考关于"自我"的问题，而高中的孩子会思考：我父母（老师）如何期望我？我以往的成败经验如何？我现在有什么问题（如学业成就与人际关系）？我的现实环境有何条件与限制？我希望自己将来如何？孩子对这些问题进行思考后，试图用来回答"我是谁？"与"我将走向何方？"这两大问题。但对于身心迅猛发展而又缺乏生活经验的中学生来说，自我统整绝非易事。案例中的孩子在这一时期都不能顺畅无阻地到达自我统整的理想境界，如果得不到及时的化解，他将难免倾向于"角色混乱"的一端，以至于阻碍其以后的发展。家长没有对孩子的心理发展进行大概的了解，并且没有一个沟通了解的平台与习惯，因此与孩子的沟通非常困难。

（二）解决对策

第一步：对家长进行青春期学生心理危机的解释，告知家长孩子在这段时间中的心路历程，并提高家长的认识：家长要知道，一个成熟而心理健康的个体，通常都会对"自我"有一个清晰而持续的概念，他对自己的看法应该是基本上统一的。反之，如果一个个体对自我的认识和评价不能达到基本的一致，缺乏一个清晰和完整的自我概念，他就会失去生活的自信心、价值感和充实感，就会迷失自己前进的方向和明确的目标，就会经常莫名其妙地感到"空虚""困惑""迷茫""烦恼"，就难以正确地应对复杂的社会生活和成长中的种种具体问题。

第二步：让家长用同理心与孩子沟通，要站在孩子的角度，让孩子知道家长是支持自己的。尽量用以下语气跟孩子沟通："当我表示我喜欢你这种行为或者是不喜欢你那种行为的时候，这不表示我是对的你是错的，但是当你做出决定后，所有的一切都必须自己体验并承担后果。如果你觉得正确，那么请你按照自己的想法做你自己！对于某些问题，也许你是对的，我只是建议，决定权在你，但你要自己承担最后的结果。"

第三步：在聊天过程中，巧妙地告诉孩子青春期所面对的一系列问题均属正常，如若遇见难题，可以求助于父母。沟通的过程中，要以对待朋友的方式，抓住机会与孩子进行青春期同一性与角色混乱这一心理危机的解释，多谈"我"少说"你"，把自己的亲身经历告诉孩子。

问题二：孩子平时学习成绩不错，一考试就会紧张，如何缓解他们的紧张情绪？

（一）分析对象

孩子性格敏感，不自信，害怕失败，却又自我要求高。每遇失败，他们都会陷于自责的情绪，认定自己一无是处；面对家长，内疚不已。孩子成绩优异，深受父母老师的喜爱，所以无形之中，他们想做出更大的成绩，让所有人都以自己为骄傲。可是，当他们的目标超过了自身能力时，就只能吞下失败的苦果。

（二）解决对策

第一步：家长要学会正面对待成绩。告诉孩子：父母在乎的是你的学习态度以及学习品行。考试结果不重要，重要的是端正态度，态度出问题了，学习肯定会出问题，这个人就会出问题。而学习品行则是要尊重课堂，不尊重课堂就是不尊重老师，也就是不尊重知识。

第二步：在考试前两个月，学会做一个"好脾气"的父母，以帮助孩子成长。可利用温和而巧妙的言语沟通技巧切中孩子心理特征和心理需求的"脉搏"，给孩子科学合理的心理疏泄和引导，使孩子认识到家长了解自己、关心自己、重视自己，引导他们改变自我认知，从而提高其行为能力，并收到改善自我的成效。

第三步：①在学习过程中，正确的过程=成功，反之，错误的过程=失败；②过程>结果；③过程=认真学习+复习方法+考试心态+考试思路。其中，"复习方法"就是在考试前查漏补缺；"考试心态"就是在考试时沉着而冷静；"考试思路"就是在考试当中不胡思乱想，不受任何干扰，注意力集中，做到专心、细心、静心。"复习方法"如果不对，后面两者则发挥不出效果，而后两者在复习方法正确的情况下，能让你在考试时发挥出超出自我的水平。

第四步：帮助孩子减压。家长要做到这几点：进门前要忘记自己的不愉快，从进家门开始承担起家长的角色，因为孩子需要家长的快乐；经常性地鼓励孩子，因为孩子的小小荣誉对于他来说很重要；"我也曾经是个胆小鬼"，家长千万不能不以为然或训斥他的胆小或者表现得比他还紧张，这样会加重孩子的心理压力，导致孩子无法正常发挥。这时，家长最好轻松地对孩子说，不管你做得怎么样，爸爸妈妈在像你这么大的时候还不如你呢，不要担心。这时，孩子心里会很有底气和自信。

问题三： 家长既不想让孩子太累，又希望孩子能把课余时间用在辅导班上，如何面对这种矛盾？

（一）背景分析

在应试教育的当下，很多家长希望孩子不输在起跑线上，因而前仆后继地带领孩子们去上课外辅导班。实际上，"功夫在诗外"这句话用在学生的学习上一样有用，但是"诗外"并不仅仅指向"诗"，更多的是平时的积累。因此，"课"原本是该补还得补，但辅导的内容却不应该只是课本上的知识。

（二）解决对策

关于课外辅导班，要分类进行：一类是学习程度跟不上的，可以进行针对性的辅导；二类是年龄太小的，这则不应该进行补习，但最重要的是家长言传身教的陪伴与辅导，这样才能从根本上解决这个问题。补课不如补习惯,应知道,孩子第一次成绩不好,家长马上意识要补课时,已经为孩子养成一种"学习要靠别人"的不良现象。把希望寄托于"补课",显然不是最好的选择。孩子之间学习成绩的差距归根到底是他们学习习惯上的差距,所以补课,不如补习惯。

第一步:了解孩子的学习程度,做到扬长避短。所谓的扬长,在孩子有天赋、乐此不疲的兴趣方向,让孩子跟随良师钻研下去,争取培养孩子突出的特长;避短,在孩子学业爬坡上坎遇到暂时性困难时,通过阶段性辅导帮助孩子渡过难关。扶上马送一程,步入正轨就把辅导的外力及时停下来。

第二步:了解孩子的年龄,做到寓教于乐。避免孩子因为学习负担过重而得不到应有的锻炼和休息时间,也没有机会和朋友一起玩耍。父母应该在平时生活中多陪伴孩子,教育孩子待人接物和生活常识,这些比单纯的课本知识更重要。

第三步:了解孩子的习惯,做到久惯牢成。首先,要让孩子养成阅读习惯,尽早做到"功夫在诗外"。阅读习惯不仅能让孩子的思维清晰,更重要的是补上了考试中的课外内容,而他的智慧力量也更加活跃。其次要让孩子建立听课的好习惯,培养孩子的专注力。让孩子在课堂上集中精神,专心听教师讲课,认真听同学发言,抓住重点、难点、疑点听,把教师的思路、其他同学的思路与自己的思路进行对比分析,找出解决问题的最佳途径。再次要养成完成作业的好习惯,培养孩子的责任心。要让孩子端正态度,认识到作业是一种学习和积累的过程,是培养独立思考能力的过程;要教会孩子细心地审题,学会抓字眼,抓关键词,正确理解内容,对提示语等关键内容,更要认真推敲,反复琢磨,准确把握每个知识点的内涵与外延。同时还要培养自己能从作业、考试中发现错误、及时纠正的能力。最后是培养收集错题的好习惯,学会及时反思。学会反思,要了解错误的根源在哪里,要注意什么样的事项。学会把疑问或是弄错的地方随手拿张纸记下,经常看看,看会了、记住了才扔掉。有价值的就用专门的本子记下,并找些可以接受的类型题、同等程度的相关知识点研究一下它们的异同,解题的技巧和办法。考试前复习错题效果也很好。

问题四:家长希望孩子接受新事物,却不希望新奇事物分散其注意力,如何权衡?

美国哈佛大学教育研究院的心理发展学家霍华德·加德纳(Howard Gardner)在1983年提出了多元智能理论。加德纳通过研究脑部受创伤的病人发觉他们在学习能力上的差异,从而提出本理论。传统上,学校一直只强调学生在数学和语文(主要是读和写)两方面的发展，但这并不是人类智能的全部。不同的人会有不同的智能组合，如建筑师及雕塑家的空间感（空间智能）比较强、运动员和芭蕾舞演员的体力（肢体运作智能）较强、公关的人际智能较强、作家的内省智能较强等。

也就是说，孩子在成长过程中，只有探索陌生的世界，才能开发出其他的智能，才能在学会很多原本不会的知识下，战胜无数的困难。而要让孩子全面发展，就需要家长的肯定和鼓励，增强孩子的自信，激励孩子不断尝试，勇敢面对困难和挫折，从而开创自己成功的人生。心理学研究证明：每个人内心深处最本质的需求就是"显示自己的重要性"。一旦自己的重要性得到别人的肯定，就有了积极向上的动力，就能发挥出自己的潜力。因此，家长要巧妙地指导孩子在体验中认识社会，而在认识生活当中，也一样可以培养其注意力。德国先进的教育理念经常成为讨论的热点，并被许多国家的教育者拿来效仿、学习。德国教育以深厚的文化底蕴和完美的系统著称。可是对于幼儿，严谨的德国人似乎多了些宽容，他们尊重每一个孩子的天性，注重孩子性格的培养。这和中国人"不让孩子输在起跑线上"的教育理念不同。德国教育者更注重孩子全方面的素质提升，如良好的社会能力、良好的性格养成，在他们眼里，这些能力比"课本知识"重要得多。因此，培养孩子的探索能力、求知能力更重要。

如何在尝试新事物时培养其注意力将是家长的一大任务。如在游戏中学习：而玩不仅仅是玩，也是孩子不断尝试学习新事物的开始，在玩乐中学习是孩子成长最快的方式。孩子是一个完整的人，不是一台储存知识的机器。在游戏中，孩子从事各种实践活动，这些活动及其中的规则又慢慢地被内化为思维活动，进而让孩子学会思考能力、跟他人交往相处的能力及解决问题的能力。再如培养孩子创造力：家长要注重培养孩子的兴趣、个性、创造力，以及对他们在玩乐的过程所表现出来的动手能力和观察能力。这看似单纯的玩耍过程实际上是为培养孩子的注意力打下坚实的基础。

结语：著名国学大师费孝通说："孩子就像是一个入国未问禁的蠢汉。"因为，当孩子出生时，发现自己所处的世界拥有一定要遵守的规则，而这些规则不是根据他们的理解所制定的，而是根据大人的理解来制定的，所以他们并不明白为什么。此时，需要家长为其进行解释，只有他们理解了原因，才不会到处碰壁。

我与世界爱着你——给家有青春期孩子的家长

林苒

茶馆里燃着一炷香，白烟一线直上，再往上便扭着身子不情不愿地，散去。

我就是在这样的情况下，遇见了一位语言高手。

《说苑·善说》，雍门子周。

战国时期的著名琴师。因居于齐国的雍门，称雍门子周。他琴艺绝妙，善奏哀曲，能让听者伤心流泪。

历史上著名的"战国四公子"之一的孟尝君不信。

雍门子周说："臣不但能让您悲，还能让天下所有的无论先贵后贱、先富后贫之人悲。因为听曲之人有过不幸的经历，臣只需奏曲他们便涕泪沾襟。足下是千乘之君，虽然向来锦衣玉食，但也有悲哀的事情。"

孟尝君饶有兴趣地听着。

雍门子周不紧不慢地："您当年曾困秦伐楚，得罪过这两个强国。将来天下，不管是秦国称霸还是楚国称王，都会向您报仇。您只拥有这么一小块地方，别人要来收拾您，是很容易的事情。"

孟尝君茫然无措，沉思良久。

雍门子周又说："我们再来试想一下您千秋万岁之后的岁月吧：您的庙堂将无人祭

祀，高台已坏，曲池已渐。您的坟墓青草蔓延小兽穿梭。婴儿竖子樵采薪荛者，踯躅其足而歌其上。凡是看到这种情景的人，无不叹息道：'孟尝君那么尊贵的人，到头来也是这样的下场啊。'"

只听得孟尝君悲伤不已，潸然泪下："先生的琴声，让我感到已是亡邑之人了……"

雍门子周能做到这一点，是因为他走了三步巧妙的棋。

第一步棋：了解对方经历。他先去了解孟尝君，知道他养尊处优，没有过什么不幸的经历，巧妙地在他心里种下了信任的种子。

第二步棋：掌握对方心理。他掌握孟尝君的心理，洋洋洒洒的煽情之语概括了田文半生的功与过，巧妙地在他心里种下忧患的种子。

第三步棋：把握语言尺度。他巧用语言让孟尝君感同身受，产生了强烈的情感共鸣，在他心里种下了认同的种子。

可见，语言的感染力，酥软透人心。

一、无力的家长，苍白的语言

现代家长也如雍门子周一般，挖空心思地遣词造句，为的只是能够顺利地与自家孩子沟通。

而这些孩子，正处于青春期。

他们轻则与家长吵架，重则离家出走。

家长们小心翼翼。

这是为什么？

美国著名心理学家斯坦利·霍尔首次提出了"青春期"的概念，认为青少年正处于一个风雷激荡的全新时期，充满了内部和外部的冲突。

这些青少年身体快速生长发育。有一天，他们会突然发现镜子里的自我形象已经在改变，不再是原有儿童时期的形象。

此时，他们要适应全新的自我形象。

这对于他们来说，真是一项挑战。那是他们自我的第二次诞生，更是发现自我的关键时期。

从那一刻开始，他们会对自己的身心状况、周围事物的关系进行一番新的认识和体验。他们会通过别人的眼光和评价来分析自我，重新认识自我，重新定位自我。

这个过程中，他们会因自己比不上别人而产生自卑心理，会因为过人之处而自傲自负，会因为一时的挫折而闭锁自我，会因为比不过别人而产生嫉妒之心。当然，也会因为外界与自己的思维不一致产生逆反心理。

然而，我们不知道的是，他们其实常常说一句话："我越来越看不懂自己了……"

因此，我们要走第一步棋：了解孩子的成长。

孩子不懂自己，那是因为自我意识已经形成，有了一定的评价能力。于是，他们开始注意塑造自己的形象，同时也会认真学习，因为他们迫切希望得到别人的好评。然而，他们思维的独立性和批判性还处于萌芽阶段，经常会受到外界影响和干扰，有强烈的从众心理，思维随波逐流。

这个过程中，我们会发现：当他们顺利时，会盲目自满；而遇挫折时，则盲目自卑。

他们既想独立又极其依赖。他们的独立，表现为不服管；而他们的依赖，表现为遇到困难希望得到长辈帮助。

二、迷茫的孩子，犀利的言语

直至此时，家长们会发现，孩子总在说这么一句话："你根本不听我的意见，根本不了解我，还总管着我……"

他们会这么说，是因为父母并不认识拥有全新形象的孩子们。

因此，家长们要走第二步棋：掌握孩子的心理。

此刻的孩子们正处于心理断乳期，极其迫切地希望摆脱成人的监护。他们因为自己的独立意识和自我意识正在增强，所以常常以成人自居。

因此，这些可爱又可恼的小大人，为了表现出自己有能力，对任何事情都持批评态度。于是我们会发现：父母说一句话，孩子以十句回之。让大人们咬牙切齿地是：他们说出的话，都有强大的杀伤力，足以让所有大人气得捶胸顿足。而这，正是由于他们担心外界无视自己的独立存在，才会用各种对立手段和办法来确立自我。

而他们的父母，却继续把他们当小孩看待。

美国著名儿童积极心理学家丹尼尔·西格尔提出过，青春期早期的大脑改变引发四种心理特征：寻求新奇事物、积极参与社会、情绪强烈和进行富有创造力的探索。他认为：

"大脑基础回路的改变使得青春期不同于童年期，这些改变决定了青少年乐于尝试新事物，会以不同的方式与同伴交往，会感受到更强烈的情绪，不愿固守现有的做事方法，喜欢创造新方法。"

所以，我们要正确地认识到：这个年龄段的孩子们在思维上已经具有独立性、批判性。只是由于他们的经验和阅历不够，所以在看待事物和问题方面，依然是片面、偏激、固执甚至是极端化的。

所以他们往往把老师和家长的教导及劝说当成与他们过不去，伤害了他们的自尊心，于是选择站在对立面。

而有些家长，在孩子成长的过程中采用专横的、简单粗暴以及命令式的教育方式，或者在生活学习上对孩子期望值过高，让孩子们产生心理压力。

这种负能量会不断积蓄，在找不到更好的解决方法时，他们会在情感上爆发出来，反抗家长和老师。

特别是青春期的孩子们情绪不稳定，缺乏人生知识和社会经验，做事好冲动，思考问题不周，对周围的事物难以全面、客观、冷静地去认识、分析和看待，便会对没有满足自己心愿的人和事，产生反感情绪。

三、会说话的家长，听得懂的语言

我们要给孩子成长的时间和空间，让他们的不稳定性有展示的机会，给他们锻炼和摸索的空间，让孩子信任你。如今，我们应该走第三步棋：把握语言的尺度。

这个阶段的孩子，每一个改变对引发他们将来的思维、感知、互动及决策方式都是必不可少的。所以我们要做一名会说话的家长，说一些让孩子能认同的语言。

当孩子受到挫折而自暴自弃时，家长不应该谴责，而应拉着孩子的手告诉他们："不管发生什么，我都会和你在一起。因为，我永远爱你。"

当孩子的做法与父母不一致时，父母不应该批评，而是说："如果你觉得这是正确的，那么就按照自己的想法做吧。"

当孩子自己的意愿与父母完全相反时，父母不应该焦急地试图说服他们，而应诚恳而清晰地肯定他："也许你是对的。我只是提出建议，你已经长大了，所以决定权在你。但你一旦做出决定，就要自己承担最后的结果。"

当孩子在做出决定却躁动不安时，家长不应该自我焦虑，而应用坚定的语气告诉孩子："我相信你能处理好自己的事情，如果有需要，我会和你一起面对，尽我的力量陪伴你。"

当孩子用犀利的语言冲着家长大发雷霆时，家长不应该和孩子对骂，指责他们的不是，而应平心静气地表达："当我表示我喜欢你这种行为或者是不喜欢你那种行为的时候，这不表示我是对的你是错的，我只是在表达我的意愿，正如你现在也在表达你的意愿一样。"

当想要告诉孩子某个做法或者道理的时候，家长不应该说"你要这么做"，而应以朋友的身份与他交流："我以前也经历过这样的事情，当时我是这么做的，要不，你也试一下？"用这样的语言来向孩子传达一个信息：你已经长大成人，我们已经可以与你用朋友的语气进行交流了。我们此刻是平等的，你可以试着把我们当朋友，可以尝试用我们的做法去处理这件事情。

那天，茶馆里。我问十六岁的女儿如何看待青春期。

她说，我们建立了自己的一套规则，却发现这套规则与社会规则非常不一样，因此我们很迷惘，也很痛苦，所以我们会挣扎。

孩子啊，那是因为你在盛开，所以青春自来。

但是，无论你的痛有多痛，你的难有多难，请永远记住这一句话：

我与整个世界，都会一直爱着你。

结语：每个孩子都必须经历青春期，只要父母能够从孩子小时候一直进行有效的亲子沟通，在孩子青春期时能够理解他、宽容对待他们的迷茫，耐心地以爱包容他们的缺点，他们将会阳光向上快乐地成长。

学业指导篇：

循得着的成长轨迹

家长怎样指导孩子学习

邓 熠

孩子上小学了，有一个无可避免地话题就摆在了我们面前，那就是学习。作为家长，希望尽早知道在孩子的学习生涯中怎么做才能少走弯路。因为孩子们的成长不可替代，也不可以重来。

还记得小学时，为了和另一个同学竞争，我把整本书给背了下来，包括那篇有好多页的《鸡毛信》，但现在那本书里的每一个字，我都不记得。现在想来，不记得才是对的。爱因斯坦曾说过这样一句话："走出校门之后，把在学校里学的知识全部忘记，剩下的才是真正的教育。"这句话不是否定学校的作用、知识的作用。它的深层含义是：对于学校教师来说，教给学生知识并不是最重要的。那么比学会知识更有价值的东西是什么呢？是学会做人，历练品行，学会思维，学会学习，学会应用，学会创新，掌握一套学习方法，养成良好的生活习惯和学习习惯，这才是终身受用的，这才是真正的学习！

我曾经是名副其实的"学霸"，从小学到初中，我的成绩一直是全年级第一，但我并不为这一段经历感到骄傲，因为在我做"学霸"的这段时间，并没有在学习上努力过，我甚至不知道考试之前要复习！对我来说，得第一轻而易举！可是，正是这种轻而易举的成功，养成了我在那之后很长一段时间不努力的习惯，成为我人生中不能补救的失败。

所以我时刻提醒自己，我们的孩子是聪明的，这毋庸置疑，但孩子的聪明仅仅是学习的基础而已，我们更为看重的应是孩子有没有形成正确的学习态度、有没有找到良好的学习方法，以及是否养成了良好的学习习惯。

如果孩子形成了正确的学习态度，找到了良好的学习方法，养成了良好的学习习惯，拥有了正确的学习态度，那么他将终身受益。实际上，这也正是孩子在小学阶段的重要任务。这比孩子学到什么具体的知识要重要得多。

我们都听过这样一句话：最好的教育是陪伴，于是我们奉行这一信条，希望用我们的陪伴来帮助孩子学习。可是，在这匆忙的陪伴中，是否想过，我们的种种行为对孩子来说意味着什么，是全心帮助还是包办代替，是悉心指导还是监督挑错，是关怀备至还是关注过度，是给他自由还是放手不管？

孩子入学了，家长帮孩子抓好学习，这是正常的事，有责任心的父母都会这样做的。

在我们当中，不乏有全心帮助孩子的家长。孩子题不会了家长帮忙做，作业不记得了家长帮忙问，第一次不会了、不记得了，家长帮忙，第二次不会了、不记得了，家长又帮忙，试问一下，如果是您，有人帮您做了，您还做吗？既然这样孩子还学它、记它干吗？干脆省事了，等家长去操心吧。这时，您的全心帮助就变成了包办代替。正是如此，孩子会更加依赖，会变得不负责，变得失去动力——我不学家长着急，会替我想办法，那我还费劲地学什么？于是，孩子学习越来越不主动，家长只好越帮越多，帮孩子问作业，陪孩子做作业，帮孩子检查，帮孩子找东西，帮孩子收拾书包……就这样，学习与孩子无关了。

对家长来说，孩子是我们的心头肉。我们最了解孩子，却也最不放心孩子，我们担心孩子边学边玩，老师要求读三遍，他是不是只读了一遍？老师要求看课外书30分钟，他是不是在那里发呆了1个小时？有时候，我们追求完美，犯了强迫症，怕孩子读错一个字，写字倒笔画，歪七竖八不好看，算数不正确，等等。于是每当孩子在学习时，我们就陪在孩子身边，"这个字不好看，擦掉重写；这个读错了，重来；这个数计算得不对，重算；你看你，怎么这么粗心呢，认真点好不好？……"性子急的家长还会吧啦吧啦各种谴责："你怎么这么不用心呀，你的心在哪呀，是不是还在想着刚才的动画片？我就说了，不让你看动画片，你看看……"于是孩子的学习变成了无限重复和纠错的过程，孩子读了再读，到最后发现读的次数比老师要求的多得多，作业本擦了写、写了擦。我们心满意足了，可孩子呢？他们此刻的内心，又是如何？

小学的学习任务比幼儿园要多得多，孩子刚入学一定有一个适应过程。为什么很多孩子到二、三年级了依然觉得难以承受学习压力？原因就在于这些孩子在一年级这个关键的时期没有得到家长正确的引导和帮助。我们都心疼孩子，小孩上一年级了，学习很辛苦，作为家长的我们，希望多给他一些关怀，在他学习的时候送上一杯果汁，碎碎念地告诉他先休息一下……殊不知，这种关怀其实是对孩子的干扰，变成了过度的关注。家长过多的关注会打断孩子的思路，影响孩子的注意力，影响孩子的学习情绪，时常这样会让孩子觉得烦。是呀，谁会愿意自己专心做事时总被人打断呢？与此同时，也会让孩子觉得：原来我这么辛苦的呀，要不然妈妈怎么会这么关心我呀……家长的过度关心给了孩子一种错觉：学习是一种痛苦。试想，谁会喜欢做让人痛苦的事情呢？于是，孩子慢慢开始不再喜欢学习，开始讨厌学习，需要家长督促着才不情愿地去学习。孩子学习的主动性、责任心和兴趣就这样默默地被家长关心掉了。

我们这一代做家长的都知道，绝不要为了分数、成绩去束缚一个孩子的天性。可是家长朋友们，你们是否知道在我们放孩子自由的同时，放弃了什么？比如我们发现孩子学习时喜欢走神了，是不是因为当初我们为了保护他天马行空的思维而放弃了让他学会专注？当我们发现孩子在学习上喜欢跟你讨价还价时，是不是因为当初我们为了培养他的口才而放弃了培养他的责任意识？简单地说，我们常常在原则问题上放手不管，而误以为是在给他自由。我认为，关于学习的任何问题，都是不能妥协的原则问题。所以，当孩子在学习上出现问题时，无论多忙，都不要放手不管，否则，长期的积累会使孩子会失去学习的原动力。

在我们每一次的教育行为中，或多或少都会产生前面提到的遗憾，如果我们提前意识到，是不是就可以避免或减少这种遗憾？那么，要如何做呢？

一、转变观念不增负

大量的事实证明，学习时间的长短与效果并不成正比。浓厚的学习兴趣、良好的学习方法、高度集中的注意力，都会对孩子的学习效率产生很大的影响。一味地延长学习时间，会使大脑产生疲劳，不但不会提高学习效率，反而会降低学习效率。家长只有认识到这一点，才能帮助孩子合理地安排学习的时间，提高学习的效率。所以，家长们要淡定一些，不要因为孩子没作业，没事干就给他找事干，无端地增加孩子的负担。

二、正确引导立态度

学习态度在孩子的学习生涯中起着至关重要的作用。我们的孩子上小学了，学习对他来说是熟悉的，也是陌生的。我们要让孩子认识到，学生的主要任务就是学习，认真学习是他们的责任，是他们应该做的，而不是家长应该做的，所以他们需要努力做好。我们还要让孩子知道，学习对一个人的重要性，要让孩子知道为什么要学习：增加知识，增强学习能力，为自己的成长打下良好的基础。

当然，我们身边常常有这样的例子：一些人，学历不高甚至小学都没毕业，但事业却做得非常好。这种情况会让我们、让我们的孩子怀疑，读书学习是一件没用的事。但事实真是这样吗？您会相信那些没学历却事业成功的人是一个不学无术的人吗？您会相信当成功的机会来到您面前，您没有能力去抓住它，它还会等您吗？能力从何而来？学习！学习可以让我们少走弯路，可以让我们在创造财富的同时更能为人类的发展做贡献。孩子只有明白了这个道理，才会爱上学习、主动学习。

三、体验学习寻快乐

一个孩子最愿意做的事是什么事？一定是让他感到快乐的事；一个人最容易做成功的事是什么样的事？一定是他感兴趣的事。为什么很多事情没有人教，但是孩子却能做得很好？比如玩游戏，那是因为他们感兴趣。所以如果孩子对学习感兴趣了，找到快乐了，那学习对他们来说就不是难事。

作为家长，我们可以真诚地表现出对孩子学习的羡慕，让自己成为孩子的粉丝。孩子刚上学时，可以时常对他说："你们的书好漂亮呀，内容也好，有歌谣，还有情趣对话。我们那时就只有单词，老师上课讲单词，下课背单词，哪有你们现在这样的课有意思呀。英语课你们一定很幸福。""哇，这道数学题你都会做了呀？我可是到四五年级才会的呢，你好棒呀！""这个知识可是我初中时才学的，你怎么现在就会了？……"家长真诚的羡慕对孩子来说，是一种鼓励。

我们还可以分享孩子的喜悦，一起为他得之不易的成功喝彩。有时候，我们孩子的能力并不像我们想象的那么强，或许他聪明，但有些事他做起来的确艰难，即便这些事在我们看来轻而易举。或许在某个时刻，他突然"短路"了，原本对他来说简单的事他花了大力气去完成。这时，我们要做的不是打击，而是喝彩。我们不要说："这么简单，我早就会啦！我很容易就做得出来"等等，而要说："哇，你真棒，你能完成，说明你一定很努力地去做了，相信下次一定会更好。真为你高兴呢，我和你一样快乐。"家长降低姿态，从孩子的角度去思考，真正为他高兴的事而高兴，为他烦恼的事情而烦恼，他才会愿意与家长分享。

让孩子感受学习的快乐，我们还要帮助他去认识、喜欢自己的老师。有句话叫"亲其师，信其道"，当孩子喜欢他的老师，他就会愿意听这位老师的课，他就会对这位老师的课产生很大的兴趣，他就能对这门课轻松应对；相反，当孩子不喜欢某位老师时，就会对他的课产生反感，就会对这门课的学习失去兴趣。所以当孩子对老师有了不同看法时，家长坚决不能在孩子面前说老师的不是，而要引导孩子从不同角度去认识老师，从而喜欢老师，喜欢老师的课程，这样他才可以对学习产生兴趣。

四、巧妙指导会学习

（一）培养孩子良好的学习习惯

小学一、二年级，是孩子极其依赖父母的时期，也是行为习惯养成的关键时期。能够让家长的努力产生事半功倍的效果的也就是一、二年级这个阶段了。一年级作为孩子学习生涯中的第一个转型期，孩子对于学习的态度、在课堂上的表现、在学校老师心目中的形象，都将直接影响到孩子性格特点的形成。因此，我们必须狠抓孩子良好的学习习惯，包括主动认真学习、合理安排时间、尽快完成作业、寻找有效的学习方法（提前预习、及时复习）、勤思好问、举一反三、学以致用、做事专注、不拖拉、睡前收拾书包等。

这里的"狠抓"并不是说得天天上学校或利用电话手表来监视孩子的表现，天天问老师孩子的情况，而是提前帮孩子铺设一条自信、乐观和善于管理细节的道路。在我们可控制的这个阶段，通过预习让孩子熟悉一下短期内将要学习的内容，并让孩子进行初步掌握。这样孩子在正式接触的时候，就不会手忙脚乱，他的表现会比较自信，会增强对学习的兴趣。在我们还能管住他们的时候，督促孩子利用边角缝的时间早早地完成作业，避免搞突击。指导孩子管理细节，孩子才不会养成拖拉、磨蹭的坏习惯。

（二）给孩子正确的学习指导

孩子在学习的过程中，可能会遇到各种情况，当孩子向父母求助时，父母帮孩子的方式也影响着孩子的学习。当孩子遇到困难向您求助时，您是给孩子讲解如何解题，还是引导孩子自己去思考？当然，前者相对于家长来讲要省事得多，而后者，家长可能要多花很多的时间和精力才能让孩子明白。在我身边，很多家长朋友都选择了前者。前者教会了孩子一个知识点，而后者教会了孩子如何去理清思路，前者是授人以鱼，后者是授人以渔。

当孩子遇到困难时，家长可以引导孩子多读题。很多时候孩子做不出，是因为没有完全读懂题目，所以家长可以让孩子再读题，也许在读的过程中孩子理解了题意，困难也就解决了。如果孩子不能在读题中明白，家长可以引导孩子回忆老师是否讲过，书上是否能找到答案，如果都没有，家长还可以引导孩子进行分析：这道题给了我们什么条件，这个条件可能是做什么用的？引导孩子主动去思考。孩子自己做的才会印象深刻，才能做到举一反三，孩子也才能体会到自己攻克难题的喜悦。当然，此时家长不要忘记分享孩子的快乐，并对孩子的努力加以肯定。

（三）家长要知道一件事：做作业的速度比正确率重要

成绩不太理想的孩子，其实有一个特点就是做作业比较慢。他们要么不会、不熟练，要么不自信，一直纠结。在"磨洋工"的过程中，注意力分散也变得极其正常。

在刚开始指导孩子完成作业的时候，家长不要盯着他做，更不要孩子边做家长边改，这是对孩子起码的信任和尊重，也许您会担心孩子做错，但即便有错，也要等他做完之后再指导他检查纠错。需要提醒大家的是，对孩子写错了的作业不要罚写多遍，不要期望通过此刻的重复会让他一辈子都记得。学过心理学的家长都知道，人是有记忆遗忘规律的。再说，老师还要继续教呢。

与此同时，我们要告诉孩子做完作业就可以玩，越早完成，玩的时间越多。千万不要因为他没事干了就额外增加作业量，这样只会让孩子在完成作业时拖拉，他会分散自己的注意力，能有多慢就有多慢。

事实上，当速度快成为一种习惯后，注意力才能集中起来，正确率也才有保障。

五、调节情绪助学习

天下的学生，要想学习好，都是一样累。作为家长，无论是老板还是工薪族或普通百姓，都在辛苦工作谋生。学习远比艰苦谋生容易多了，家长要告诉孩子，学习中的辛苦是对他意志的磨砺，要学会坚强面对。如果孩子对学习产生了反感情绪，家长也不要呵斥孩子，要帮孩子做好调节，比如孩子觉得作业太多做不完，家长可以和孩子一起来安排一下学习的时间，让孩子做计时作业，把作业分成很多的小块儿，这样会让孩子感觉容易完成，不良情绪也会得到缓解。

当孩子不愿意检查作业时，家长可以和孩子做游戏（小学低年级的孩子），比如可以和孩子玩警察抓小偷游戏，让孩子做警察，把错题看成小偷，把小偷都抓起来。对于稍大一点儿的孩子，可以对孩子的作业进行奖惩，做得好可以得到小红花，积攒到一定数量可满足孩子的小愿望，作业提前完成时节约出来的时间由孩子来安排，比如可以奖励和孩子一起下棋或读故事……总之，能调动孩子的情绪就好。

结语：没有一种方法是万能的，家长的用心陪伴不仅仅在当下，还在陪伴前的思考，陪伴中的专注，以及陪伴后的反思。正如孩子的学习是终身的，家长在家庭教育这条路上的学习，也是终身的。

家长如何引导一年级学生完成作业

林 苺

一年级的学生虽然已经从幼儿园升上小学，但他们的心理年龄在小学初期依然停留在幼儿园的心态。他们普遍对小学的生活既感到新鲜，又极其不习惯。家长在孩子的这个年龄段里，会因为孩子的不适应而与孩子一样不知所措。因此，家长首先要弄清楚孩子的心理特点，找到方法和策略，科学帮助孩子解决"完成作业"这一难题。

一、心理特征

一年级孩子处在艾里克森所说的"人格发展八阶段理论"中的"勤奋对自卑的冲突"阶段，如果这一阶段的心理危机成功地得到解决，就会形成能力的美德，反之就会形成自卑。一年级的孩子天生的好奇、好动，让他们无法在班级里安静而专心地听讲。进入一年级后，他们的直观、具体、形象等思维特点得到发展，很喜欢模仿，并且特别信任老师。

二、方法和策略

（一）建立"作业是小学生最重要的任务"的观念

第一步：清楚地让他们知道，完成作业是为了让你自己和你的任课老师了解到你是否掌握了所学的知识，就好比当人们犯困了就是告诉自己要睡觉一样。

第二步：明确地告诉孩子，做作业是长大成为小学生的标志。因为作业是学习生涯中最重要的任务，没完成作业就好比没上小学，还处在幼儿园的"宝宝状态"。

（二）家庭成员要建立"孩子在做作业，所有事情都要让步"的观念

第一步：达成共识。教育不只是父母的事情，应该是全体家庭成员的义务，每个人都要有教育孩子的责任。

第二步：齐心协力。孩子在做作业，在孩子没做完作业时，其他事情都要让位，包括吃水果、吃零食及吃饭（既能避免孩子在吃零食时走神，又能成为孩子快速完成作业的动力）。

第三步：独立空间。给孩子一个独立的学习空间，在这个空间里，闲杂人员不可踏足，避免分散孩子的注意力。

（三）建立"全家人都要学习"的家庭氛围

第一步：关闭娱乐电器。为了避免分散孩子的注意力，在孩子学习时，电脑、电视呈现关闭状态，任何人不得打开这两个电器；父母不能在孩子眼前玩手机，更不能打游戏，即使是在手机里阅读也不可。

第二步：家长陪伴学习。在第一个月里，家长可以在旁边指导孩子正确地完成作业。第二个月后，家长在旁边看书写字、阅读报纸杂志，让孩子认识到：学习不只是小学生的任务，更应该是所有人的习惯。

第三步：家庭阅读时间。当孩子在做作业时，除了必要的做饭和清洁外，全家人都应该把孩子做作业的时间段定为"家庭阅读时间"，共同进行阅读与学习，营造热烈而稳定的学习氛围。

（四）建立"放学后作业先完成，其他事情往后推"的观念

第一步：作业为先。无论孩子喜欢运动、画画或者其他有益健康的事情，都应该告诉孩子完成作业为先，而后再完成课余爱好。

第二步：家校沟通。与老师进行沟通，共同帮助学生形成科学完成作业的时间段，制造整体氛围。

第三步：亲子沟通。当孩子做完作业后，父母与孩子一起到室外活动，力所能及地陪伴孩子成长，让孩子认识到他的成长并不孤独，有父母作为强大后盾。

结语：一年级是孩子正式踏入义务教育阶段的第一年，也是最重要的一年。孩子对学习的态度，正是在一年级时段建立的。因此，家长一定要做好心理准备，共同为孩子树立学习态度搭建最好、最适合的平台。

用对方法让孩子不惧家庭作业

李巧云

案例：

有时候，会在深夜的时候收到家长的QQ留言，反映孩子在家里不爱写作业，写作业时不专心，爱拖拉，总是写一会儿停一会儿，一会儿要喝水，一会儿要上洗手间，时间过了大半，作业却没写多少。就算写了，也是敷衍了事，字迹潦草，随意乱写。

遇到孩子不爱写作业的情况，我们家长可以怎么做呢？

俗话说："兴趣是最好的导师。"孩子不愿意写作业，一部分原因是他们觉得家庭作业是他们不能自由玩耍、不能看电视、不能玩游戏的"罪魁祸首"。首先，我们可以根据孩子好玩的性格特点，把写作业变成游戏或赋予其仪式感，如写作业时，与孩子玩"穿戴成功服饰"的游戏，即让孩子挑一套特别的学习服饰，如一顶思考帽，一副不含镜片的眼镜，只要学习时，就戴上。有研究发现，当孩子假装成超级英雄时，他们坚持的时间更长。还有，我们可以给孩子提供一个固定、舒适的学习环境——书房，让孩子在潜意识中认为这个地方就是学习的地方，养成习惯后，他们也会喜欢沉浸于在书房中学习的感觉。

其次，我们要培养孩子专心写作业的习惯。我推荐两个办法：一个是"限时法"，另一个是"中途安抚法"。所谓的"限时法"，就是在写作业之前，先与孩子商量写作业的时间，为了让孩子有成就感，我们可以按科目给孩子限时。例如，我们先了解一下孩子的作业量，自己估计一个完成时间，然后征询孩子，如"语文40分钟能做完吗？数学30分钟能做完吗？"确定后，和孩子做个"君子之约"，孩子会欣然接受这个约定，并且努力去完成。

若发现孩子写作业时有不专心的表现，只要不是太过分，就让他动一动，毕竟家是歇息的地方，比学校要自由得多。如果孩子注意力不大集中，有拖拉的行为，父母可在旁边提醒一下，如"已经做了15分钟了，加油！"

若发现提醒效果不佳，家长觉得必须要制止时，我们就用"中途安抚法"。可以走到孩子身边，用手抚摸他的头，问"是不是遇到了难题做不下去了，要不要爸爸妈妈帮你一下？"这样可以把孩子的注意力拉回到学习上。通常情况下，孩子会说没有难题，这时父母要表现出一种平静的神情："相信你很快会做完的，爸爸妈妈等着你好吗？"这种方法，实际上首先中止了孩子的拖拉行为，然后让孩子明白：父母在关注他，希望他快一点儿完成作业。在孩子写作业的过程中，我们最好用表扬的方式鼓励孩子、肯定孩子，因为这世上没有不爱被表扬的孩子，越是责骂、数落孩子，就越会加重他的坏习惯。

最后，家长应该在孩子写完作业后，给予他们足够的时间来自由玩乐，让他们尽情享受放松的时间，体会有效完成作业的好处。

结语： 父母之爱子，必为之计深远。为孩子遮风避雨，孩子只是安全一时，让孩子自己长出钢筋铁骨，他们才会受益一世。所以，我们要巧用办法，在家里营造学习氛围，在低龄段的时候让孩子养成乐于学习的习惯，让孩子养成不用父母监督，也能自己独立完成作业的好习惯。这里需要温馨提示，莫把全程陪伴监督当成一种爱。"爱之不以道，适所以害之也。"时时刻刻守着孩子写作业的方法，从根源上来说是对孩子的不信任，也会让他们养成依赖的习惯，遇到难的问题不愿想，等着回家爸妈教他们，更甚者，只要答案，不要讲解。如果是这样就得不偿失了，孩子累，家长更累。

作为父母，我们要做的是明心、净心，让自己成长，给孩子更有价值的陪伴。

家长如何培养孩子良好的做作业习惯

赵闽楠

培根说，习惯是一种顽强的、巨大的力量，它可以主宰人生。著名的教育家叶圣陶指出，教育就是培养习惯。孩子从小养成热爱学习、勤于思考、勇于探索、虚心求教的良好习惯，就会为其今后深入学习奠定扎实的基础。作为一名教师，常听有些家长谈起孩子做作业的习惯问题。不少家长抱怨：说他们的孩子写作业不专心、爱拖拉，只几道题目也要做好半天。那么，作为家长，应如何培养孩子做作业的良好习惯呢？我认为应从以下几方面做起。

一、牢记"三忌"

（一）忌"陪读"

有些家长为了不让孩子三心二意，就坐在旁边监视，这样做可以理解，但这种"陪读"会使孩子紧张，不利于学习。同时，也不能离孩子太远，疏于监督。因此，选定一个合适的做作业地点非常重要。效果较好的地方有：客厅的桌子，或是孩子房间的写字桌，但前提是房间里不能有过多让他分心的东西，如玩具等。

（二）忌指指点点

有些家长在孩子做作业的过程中，一旦发现孩子出错，马上就指出来，这样做会阻碍孩子独立思维能力的发展。

（三）忌"代劳"

有些家长怕低年级孩子做不好作业，常常代替孩子完成作业。小学生的作业往往是一些打基础的内容，父母"代劳"会削弱这种基础。

二、做作业前指导学生认真复习，巩固新知

做家庭作业前复习这一环节往往会被孩子忽略，他们认为这是浪费时间。其实恰恰相反，它不但可以提高做作业的效率，而且可以提高作业质量。因此，家长应指导孩子每天在做作业前先复习当天学习的内容，包括例题的分析过程和书写格式，从而做到心中有数。

三、精心给孩子创设一个做作业的环境

不少家庭有好多地方可供孩子做作业，孩子喜欢到哪里就到哪里；有的家庭虽然有可供做作业的桌椅，但是没有合适的灯光，或是桌椅的高度很不适宜，或是桌面上摆满了玩具、杂物等。更有甚者，有的家庭，孩子在写作业时，电视声音却很大，这样的环境，孩子怎能安下心来做作业呢？作为父母，要创造一个有助于孩子高效完成作业的家庭环境，这一点非常重要。

四、制订计划，合理安排时间

家长可以和孩子一起制订时间表，让孩子形成良好的时间观念，合理安排自己的时间，养成做事不拖拉的习惯。一旦孩子习惯过一种有规律的生活，那么时间观念就已内化成他自己的一种宝贵素质，自我意识的控制力和意志力就达到长足的发展。同时尽量让孩子在每天的同一时间段写作业。通常，孩子放学回家之后半小时左右、晚饭前约一个小时或是晚饭刚过这几个时间段最合适。

哲学家萨格雷说："播种一种行为，收获一种习惯；播种一种习惯，收获一种性格；播种一种性格，收获一种命运。"习惯的重要可见一斑。既然如此，就让我们一起为学生良好的作业习惯的养成、学习习惯的养成、行为习惯的养成而共同努力吧！

结语：教育家洛克说，事实上，一切教育归根结底都是为了培养人的良好习惯。养成良好的作业习惯，从做作业这件小事开始。

家长作业辅导不冒充学科教师

邓 熠

上周收到一位家长的留言，大意是否可以将新进练习册的答案发给家长们，这样就可以有针对地进行作业的辅导了。上三年级了，学业难度加大，孩子们的作业质量直线下滑，家长们急切的心情我完全可以理解，但是，我并不想把答案发给家长，因为我始终觉得，家长不应该去做学科教师要做的事。

家长坐在孩子旁边监督、辅导和检查孩子的作业，这应该是时下各个家庭最正常不过的风景了。此番风景衍生出来的家庭矛盾俨然已成为现今的社会问题：诸如一人上学，全家受累；不辅导作业"母慈子孝"，一辅导作业"鸡飞狗跳"……

回归最初，教师布置作业给孩子的目的是什么？作为一名教师，我的答案是：给孩子布置作业，除了让他们加深对课堂传授知识的了解、提高学科技巧之外，更重要的是打开他们的视野，锻炼自我探索和拓宽知识面的能力，养成独立思考的习惯，最后能形成对事物独立的看法。而家长"精心"辅导过的作业，是没办法让老师对孩子当下的学业水平做出判断的，这已经失去了作业的本来意义。长此以往，孩子们的思维能力、创造性都将被抹杀。

辅导孩子的学业，应该是有职业素养的教师的工作，而不是父母的工作。毕竟，辅导作业需要掌握合适的方法和微妙的尺度。更重要的是，家长直接辅导孩子做作业，极易养成孩子的依赖性格，对孩子来说，从小学会承担责任是比作业对错更重要的一个训练，而独立完成作业就是他们自己应当担负起来的责任之一。

如果孩子在做作业时确实遇到困难，家长可以这样做：

（1）对孩子的提问行为进行鼓励，可以说：你有问题问非常好。

（2）引导孩子提炼出问题的核心，可以说：你需要我教你什么？

（3）把思考的空间和寻求帮助的途径指引给孩子，可以说：这个内容老师讲过吗？书上有吗？

整个过程，不需要教孩子去理解题目具体的意思，不需要分析答案是怎么来的，而是引导孩子从学校的学习生活中回忆知识，并且引导孩子自己借助工具来完成作业。

再者，如果家长不得不和孩子一起做作业的话，则需要明晰以下行为：

一要帮助孩子启动自己的学习力，提出一些建议，但让他自己决定。不要告诉孩子答案，这会让孩子把你当拐棍。

二要在房间里专门辟出适合做作业的一角。不要允许孩子在做作业时看电视、玩手机、吃东西等。

三要赞扬孩子，因为鼓励每一点滴的进步对孩子的成长可以起到积极的促进作用。不要打压或者念叨孩子以胁迫他完成作业，这会让孩子产生逆反心理，且应该注重培养孩子的学习动力。

四要用积极的活动鼓励孩子，比如一起去一次孩子渴望的动物园等。不要用钱和礼物贿赂孩子做作业，这会养成孩子驱逐利益的心态。

如果确实需要对具体题目具体解答，那么，家长一定要留言给教师，告知孩子在这道题目上出现障碍，希望教师为孩子做出专业的解答。

请记住，家长，不是学科教师，家长，应该做家长的事。在辅导作业方面，家长更需要做的，是为孩子提供一些必要的保障，那就是营造一个好的学习氛围，如划定做作业的固定时间，保证时间上的专时专用，辟出专门做作业的空间，里面要没有可以分散注意力的东西等。同时，家长还可以把做作业当成一个亲子互动的过程，没有什么比榜样的力量更重要了，你若想你的孩子能专心并热爱阅读的话，你自己也要拿起书本；你要想孩子能爱学习，你自己要身先士卒才是。

结语： 主动追赶蝴蝶的孩子，会比后面有野猪追着跑的孩子跑得快、跑得长久。

学习力——孩子终身学习的铠甲

赵闽楠

哈佛前校长鲁登斯坦说：从来没有一个时代，像今天这样需要不断地、随时随地、快速高效地学习。过去，一个人全部的知识80%是在学校学习阶段获得的，剩下的20%则依靠在工作阶段的学习；而现在的情况恰恰相反，在学校学习到的知识不过占20%，而80%的知识需要你在漫长的一生中通过不断学习和实践获得。那种依靠在学校时学习到的知识就可以应付一切而受用终身的时代，已经一去不复返了。因此，在漫长的学习过程中，在浩如烟海的知识海洋中，孩子想要取得一些成就，勤奋非常重要。但是，比勤奋更重要的是——"学习力"。哈佛商学院的柯比教授提出：唯有学习力，才能让孩子真正提升学习效率，成为学习的主人。因此，不管是家庭教育还是学校教育，都应该更加关注孩子学习力的提升，而不仅仅是学业成绩的提高。

一、什么是"学习力"

柯比教授认为，以传统的方法来学习，是一个迅速减值的过程；而以学习力去获取知识，则是不断增值的过程。他在所著《学习力》一书中，介绍了"学习力"这个概念——一种学习方法和解决问题的方式，它让孩子学会学习、在接受知识的基础上有自己的独到见解、独立地思考问题，并发挥自身的创造力来解决问题。

通俗来讲，"学习力"就是一个人能够快速获取知识，并让它产生价值的能力。例如，同在一间教室听课，有的同学能够认真听讲，掌握学习方法，快速掌握课堂知识，那么即使他课余时间尽情玩耍，也能取得不俗的成绩；而有的同学即使是在下课后也在坚持刻苦学习，成绩却不理想。这就是"学习力"存在差异的体现。

二、如何提高孩子的"学习力"

孩子是否具有"学习力"主要看以下三个方面：①学习的动力——在没有外部力量压迫的情况下，是否愿意自觉进行学习。②学习的毅力——面对各种困难和不确定因素，是否能够克服困难，坚持下去。③学习的能力——主要包括记忆力、想象力、逻辑思维能力、感知力等。

那么，要提高孩子的"学习力"，我们就要从"动力""毅力"和"能力"这三方面着手了。

（一）激发内驱力，提升学习动力

虽然我们总是说，兴趣是最好的老师，要提高学生的学习兴趣。但是，随着年级的增高，知识难度的提升，学习总体上来说是一件长期的、枯燥的事情。低年级阶段，我们总是用"奖励"的办法来激励孩子好好学习。但是随着孩子的成长，我们会发现这种方式逐渐失去了它的效力。我们很难再用一些"小恩小惠"来激发孩子的学习热情。如何有效激发孩子的内驱力？丹尼尔·平克在《驱动力》一书中给了我们答案："奖励"和"惩罚"会破坏我们内心的热情，找到做这件事的意义，寻找更高层次的追求，才能让我们更加自觉、更加专注地将它做到最好。

（二）培养好习惯，提升学习毅力

学习犹如登山，并非一步登顶、如履平地，而是要面临各种各样的困难、险阻，需要极大的毅力才能登顶，从而见到更美的风景。面对学习的困难，是避重就轻，还是迎难而上，得到的结果将完全不同。那么怎样才能提高孩子的学习毅力呢？

李笑来在《财富自由之路》中提到一个概念：成本线。无论什么都有成本，如生活的成本、习得技能的成本、取得良好成绩的成本等。成长，只有突破成本线才开始真正有意义，在那之前都需要坚持。突破临界点之后，就能看到效果了。但是如何突破临界点，则因人而异。有人认为"21天养成一个好习惯"，有人提倡"100天行动"，有人则相信"一万小时"理论。不管是哪种，其目的都是越过那条"成本线"。一旦越过这条线，习惯养成了，就再也不用刻意控制自己了。因此，好习惯的培养，是培养孩子学习毅力的开始。家长可以和孩子一起制订目标，并制订完成目标的详细计划和周期，可以利用"打卡"等方式来督促孩子完成，让孩子养成良好的习惯，让习惯成自然。制订计划一定要和孩子商议，家长可以指导，但是切忌一意孤行，不尊重孩子意见。年龄较小的孩子，每次制订一个目标，完成周期不宜过长，可以利用给学习记录表上贴星星的方式给予孩子最直接的反馈。随着孩子年龄的增长，可以增大目标难度，延长完成周期。

（三）增强专注力，提升学习能力

学习过程固然需要大量的时间投入，但除此之外，还有一项非常重要的因素，那就是"专注力"。专注，就是把所有的光线集中到一个点的凸透镜，是学习力中最具有凝聚效力、整合效力的品质。不要去幻想走捷径，你所要做的，就是将身体与心智的能量锲而不舍地运用在同一件事情上而不厌倦。

有调查显示，当问到一些感觉在学习上有困难的学生，他们最想提高什么？提到最多的就是如何集中注意力。注意力是专注的重要特征，如果我们注意了，我们就会把思想和感官完全投入到学习上而不会分神，而注意力的提高是有方法的。

1. 准备好情绪

在开始学习之前先把思想集中起来，复习或预习一下将要进行的内容。同时，家长也要为孩子营造良好的家庭环境。干净整洁的房间有利于孩子快速集中注意力。相反，杂乱不堪、东西乱丢乱放的房间会影响孩子的情绪，易让孩子将注意力转移到其他地方。

2. 全神贯注与劳逸结合密不可分

如果想要得到理想的学习效果，就必须善于培养自己的专注精神，善于集中注意力。但是，注意力的持续是有时间限制的，是需要暂停的。休息时可以放松自己，呼吸一下新鲜空气、听一段音乐或是吃点零食，放松一下紧绷的情绪，从而更好地投入下一段学习中。

3. 请不要打扰孩子的注意力

很多家长在抱怨自己孩子专注力不够时，常常忽略其实家长自己才是那个打扰孩子专注力的人。例如，孩子在做作业时，家长围绕在孩子身边忙于指点纠错；孩子在专心阅读、玩游戏或是做手工时，家长经常以爱的名义给孩子送吃送喝等，这些行为都是在打扰孩子的专注力。孩子在承受这种"被打断"的时候，通常都是无力而被动的。"专注"是一种认知活动，而非情绪体验，所以对"打扰"的承受能力更弱。当孩子在专注地进行一个认知活动时，不要轻易打扰他，这不仅是养育的技巧，更是对孩子的尊重。

结语：学习是终生的事业，从出生到离世，整个过程都从未停止过学习，这就是学习力。授之以学业成绩，不如授之以学习力。

孩子做作业，父母有何火可发

邓 熠

一、情绪

近段时间，一些关于父母辅导孩子做作业时情绪失控、得重病的段子在网络上流传，引起了很多家长的共鸣。"不学习时爱死了，一辅导作业我就恨不得掐死他。"父母在辅导孩子做作业时的无奈跃于纸上。作业似乎成了破坏亲子关系的罪魁祸首，但事实上，父母情绪管理失当才是罪魁祸首。

二、慢镜头

父母爱孩子，这毋庸置疑。可是，为什么一到辅导作业时，父母看起来就那么恨自己的孩子呢？在很多情况下，父母并非一开始就会对孩子发火，父母的火是一步步烧起来的：觉得题目简单但孩子却不会做——不会做肯定是因为不用心听，不专心听——一定是懒、依赖大人、不爱动脑筋——想帮孩子，但孩子不配合——已经火大了，孩子还哭闹着说不会。

三、原因

细观整个过程，我们会发现一件有趣的事情。父母的火其实来源于自己的臆想：觉得题目简单，觉得孩子不用心，觉得孩子懒……

对孩子来说，他不会的，就不简单。而每个人的智力水平、知识结构、学习状态是不同的，何况成人与孩子之间的差距不只是年龄与知识量之间的差距？所以，孩子不会，绝对不能简单地认为是孩子上课不听，也不能认为孩子懒，不爱动脑筋。有时，孩子不是不爱动脑，是不知道怎么动脑。如果父母讲了一遍又一遍，孩子还是不懂，也不是孩子不配合，而是父母的指导方式出现了问题。原本就带着对孩子负面的判断，带着情绪辅导孩子学习，这本身就是父母的问题而非孩子的问题。

四、对策

不会管理自己情绪的父母常常把辅导作业的过程变成自己闹情绪的过程。但是，无论谁闹情绪，都无益于解决问题。那么，父母在辅导孩子学习时要怎样有效地管理自己的情绪呢？

首先，我们要懂孩子，懂他当下的状态究竟是怎么回事，原因何在。有时候，孩子不会，并不像我们想象的那么复杂。回想我们自己的经历，是否有突然"短路"的时候，也有突然脑洞大开的时候？孩子也会这样。这个时候，父母与其发火，不如让孩子休息一会儿，做点别的事。

其次，我们要明白，在指导孩子学习的时候，我们希望孩子思考，但我们的负面情绪却会把孩子引向害怕、委屈、愤怒和抗拒。当我们发怒的时候，自己已经不可能静心辅导了，怎么能指望孩子静心思考？既然如此，我们何不换一种方式，和孩子交流是否是自己没讲清楚或是某个环节他没明白？父母是否想过，有时候我们分析得头头是道，孩子脑子里却只是弯弯绕绕？

五、备选方案

当我们懂孩子了，我们也就会对孩子的不懂更加宽容，就会更加平和一些。不过大部分时候，父母明明知道自己不该发火，明明知道应该控制自己的情绪，但就是控制不住自己，又应该怎么办呢？

（1）离开现场。坏情绪一定要在彻底宣泄完之后才会痛快，当我们发觉自己的情绪快要控制不住的时候，最好的方式就是离开情绪现场，让自己先安静一会儿，把绷紧的弓弦松一松。

（2）积极暗示。父母在想要发火时，请及时暗示自己：足够了，足够了，我的情绪到顶了，我得想办法让情绪下去了，否则会很危险。试着让情绪"下去"，慢慢地，我们就会发现自己比以前更容易管理情绪。

（3）问问自己。这一点很重要：发火是否能解决问题？如果不能解决问题，我还有什么更好的办法？

结语：心小了，所有的小事就大了。心大了，所有的大事都小了。

"我不想写作业"

——代币制在小学生学业发展辅导中的应用

贾 取

　　小浚是一个五年级的孩子，读小学之前是在老家由爷爷奶奶照顾，之后跟随爸爸妈妈暂住深圳市宝安区。爸爸妈妈都是工厂里的普通工人，妈妈经常要上夜班，爸爸经常要出差。小浚在深圳宝安上小学后每天中午上下学由午托老师接送，下午放学有时候是妈妈来接，但大多数时候是跟着邻居的家长一起回家。科任老师对小浚的评价基本都是"乖乖仔、内向、不爱说话、很闷"。小浚的班主任（英语老师）及数学老师都是从一年级一直带他们到现在五年级的，对班上的学生比较了解。按照这两位老师的描述：小浚从一年级以来一直就是那种中等偏上一点点的孩子，不怎么爱说话，但跟班里同学的相处还挺融洽的，也有三两个关系很亲密的好朋友，也都是男孩子，性格是真的很内向，因此也常常很容易被忽略，他也从没干过什么调皮捣蛋、破坏规矩的事，循规蹈矩、老老实实的，但是自从这学期（五年级的上学期）以来，语、数、英的科任老师先后发现他经常不交作业，也不跟老师解释原因，问起来也是一声不吭，连句"我不会写"或者"我忘记了"的借口都不说，问得多了他竟然当场摔书本，趴在课桌上睡觉，联系小浚的家长，反馈他的这些情况，家长表示很焦虑，但也不知道应该怎么办。鉴于此，联合小浚的父母及所有科任老师，召开了几次联席会议，征得当事人的同意，作者以小浚的故事为原型，进行隐私处理后形成此文。

第一次沟通，由班级心理委员小铭陪同小浚前来，小浚并不怎么开口说话，反倒是开朗活泼的小铭一进来就开始讲："老师好，我们班主任叫我跟他一起来熊猫室，说是您找我们问作业的事，您怎么会问我们的作业呢？我们自从上了五年级，每天的作业真的多了好多啊，我每天要花差不多一个小时才能写完，以前都是最多二十分钟就搞定了的。"

心理老师：小浚你也有这种感觉吗？

来访者：（点点头）

心理老师：你们一般什么时候开始写作业，多长时间能写完？

小铭：我是四点半一放学，大概四点五十到家，我妈就要我开始写作业，差不多六点的时候能写完，然后就吃晚饭，再去电脑房或者小区里玩会儿，然后就洗洗睡了。

来访者：我有时候也跟他一样，有时候妈妈很晚才来学校接我，到家都五点半了，然后妈妈去上夜班，我自己吃会儿零食、休息会儿，再去楼下餐馆买个晚餐吃，然后差不多七点半开始写作业的。

【备注】

第一次会谈的主要目的是收集信息，掌握来访者的资料，综合来访者的科任老师反馈的情况以及上述同班同学小铭和来访者本人的谈话内容可以初步推测，进入五年级之后作业量确实增加了，并且来访者下午放学在家里的那段时间很有可能是缺乏大人的陪伴与督促的，这或许是导致来访者自从上了五年级以来经常不交作业的部分原因。

随后的三次会谈，来访者依然是在小铭的陪同下前来的，不过在开始正式访谈时让小铭先行离开回避了，直到商定行为契约的环节，征得来访者的同意之后再请小铭前来担任第三方见证人。此外，基于第一次访谈中来访者提到的"有时候妈妈很晚才来接我，然后就去上夜班了"，我联合小浚的班主任（英语老师）及语文、数学老师一起去小浚家进行了家访，发现小浚跟父母住在一间只有15平方米的出租屋里，没有隔断间，卧床、厨具、电脑等家具几乎塞满了整间房，小浚的父母一直以来都希望在深圳买套房子，改善家庭居住条件，所以日夜辛苦工作，他们也跟小浚讲了这一情况，并对小浚说，他已经11岁了，是个大孩子了，要理解爸妈的不易，要尽量独立（比如晚上到家后自己料理自己的日常生活），好让爸妈腾出时间多工作、多攒钱。通过本次联合家访，基本上可以明晰小浚的问题症结：年龄较小，自控力不足，同时缺乏大人的监管。

基于以上分析，确定了采用代币制来对小浚进行干预，具体做法如下：

（1）了解来访者的兴趣与愿望（他最喜欢吃麦当劳、最想要与恐龙相关的文具或玩具、空余时间最喜欢做的事情是玩电脑游戏）；

（2）咨询师与来访者及其科任老师、父母一起罗列出需要改善的目标行为：不按时交作业；

（3）按照从简单到复杂的难度顺序将目标行为进行分解排序并进行具体化，如每天晚上七点开始写作业，八点半之前完成。

（4）确定行为代币机制（见表1）：

表1

我的行为表现	获得代币	备注（兑换机制）
每天七点开始写作业	1个笑脸贴纸	2个笑脸贴纸可兑换1个恐龙蛋橡皮
每天一个半小时内写完作业	1个苹果贴纸	
一次一项（指科目，语数英可累加算三项）作业得到A	1个小红花贴纸	15个苹果贴纸可兑换20分钟电脑游戏
一次作业（指科目，语数英可累加算三项）得到A+	2个小红花贴纸	20个小红花贴纸可兑换一顿麦当劳儿童套餐
连续三天一个半小时内写完作业	5个苹果贴纸	
连续五天（一周）一个半小时内写完作业	8个苹果贴纸	

（5）约定"代币"兑换的时间及执行人：笑脸贴纸每天下午4：35，跟班主任老师兑换；苹果贴纸每周三晚上跟父母兑换；小红花贴纸每周五晚上跟父母兑换。

（6）代币契约执行的过程做好记录，由来访者小浚、小浚的老师或父母、心理委员小铭三方联合监督，并及时反馈给咨询师。

最后两次的咨询焦点在于检验前三次的咨询效果，即代币制的执行效果。摘取咨询过程中与来访者的部分对话，内容呈现如下文。

心理老师： 看着前三个星期的记录表，发现小浚做得很棒哦，看得出来这段时间里你付出了很多努力，如电脑就在书桌旁边，但是却要压制住内心的小野马，要求自己在写完作业之前不去碰电脑哈？

来访者： （羞涩地笑笑）

心理老师：说说你的感受呗。

来访者：有时候想玩，不想写作业，但又想着麦当劳和恐龙，憋得太难受了！

心理老师：嗯，这种纠结、克制自己的确很难受，还有什么感受吗？

来访者：攒够贴纸兑换礼物之后，又觉得超级无敌开心！

心理老师：看着自己的努力有了效果，这种开心到飞起的感觉我看着都很羡慕！

【备注】

最后两次会谈中根据来访者的科任老师的反馈以及来访者自己的描述，代币制在一定程度上发挥了有效的作用，小浚的问题得到了较好的解决，当然，这只是阶段性的，小浚不交作业的问题会否反复、一旦脱离了代币制，没有了物质奖励，咨询效果是否会大打折扣……对这些问题的思考提醒我们：要格外注意咨询效果的巩固与迁移，要落脚于帮助来访者调动自己的主观能动性，最终实现"助人自助"。

反思与结语：

一、理论背景分析

本案例中主要运用了认知行为疗法中的代币制（token program），该疗法是行为疗法中运用最广泛的方法之一，也称表征性奖励制，是通过用奖励强化所期望的行为，用惩罚消除不良行为而达到目的。代币法就是运用代币并编制一套相应的激励系统来对符合要求的目标行为的表现进行肯定和奖励。代币起着表征的作用，只是一个符号，在小学里尤其是以小红花、五角星、贴纸等为代表，也可以是乐学币、记分卡、点数等，可以根据情况灵活运用。该疗法的原理是基于以下四点：其一，条件反射的形成和建立，就是条件刺激取代无条件刺激，从而形成特定的"刺激—反应"关系的获得过程；其二，强化，主要是指阳性强化，也就是鼓励法，每次完成所指定的行为或没有发生规定禁止的行为，就可以得到相应的奖励；其三，行为自控，社会心理学认为，个体既然可以通过社会学习形成那些不良或不适应行为，也可以通过社会学习获得这些行为，那么反之亦然，人的行为可以由自己进行主观调控，不一定全然被外界左右；其四，消退训练，根据条件反射的原理，当某种行为得不到强化或不被引起重视时，行为就会消退。

总的来说，代币制是结合阳性强化法、行为塑造法、行为契约法以及自我调控于一体的方法。其主要操作途径是，确立目标靶行为后由咨询师与来访者共同协商，制定行为契约

（如果来访者出现了我们所期望的合格行为就马上给予代币奖励，反之如果出现了我们所不希望的、需要纠正的负性目标行为，则给予一定的惩罚，扣除一定数量的代币，以阻止负性目标行为的继续出现），督促来访者严格按照契约上的规定来执行，充分调动来访者的主观能动性与自我调控能力，从而塑造新的良性行为，抑制或消退不良行为。

二、辅导反思

代币制在低龄段的学生中，如小学阶段，尤为适用，但在使用时要注意，由于小学生的认知局限性，他们对自己是否能执行行为契约、最终是否能够达成目标并没有十分清晰的认识和把握，如本案例中的小浚在与我协商"我们的约定"时直接提出"一个月之内都要保质保量地完成家庭作业，否则就扣除100个乐学币"，显然这样的行为约定是脱离实际、不合理的，因此在咨询过程中要注意代币的行为标准必须是符合来访者的年龄特征的、是实际可行的。此外，代币奖励必须及时，每当来访者出现好的行为时就要马上予以代币奖励，如此才能建立良性的条件反射。在执行代币制的行为契约期间，还要注意合理控制奖励来源，减少有干扰性的盲目奖励，如本案例中与小浚建立了"2个笑脸贴纸兑换一个恐龙蛋橡皮"的行为契约，那么就要请求家长的支持与配合，使来访者得到奖励的来源尽可能唯一化，避免出现"学校老师不给，爸爸妈妈给你"这样的矛盾情况，唯有家校双方协同一致、通力配合，才能确保"代币制"的顺利进行。

结语：学校、社会、家庭教育缺一不可，代币制在学生学业发展辅导中的应用虽具一定专业性，但迁移到家庭的学业指导中，也同样有适用之处。

参考文献：

蒋晓晖.代币制在中小学生行为改善中的运用［J］.中小学心理健康教育，2009（8）：21-22.

空中课堂背景下的自我管理

贾 取

庚子鼠年，病毒肆虐，传统的面对面的教学模式变成了隔空互动的空中课堂，很多家长难免忧心，孩子年龄尚小，自控力不足，没了老师的火眼金晴式督促，人坐在屏幕前心思却早已开小差了怎么办？孩子坐不住怎么办？此时，空中课堂背景下的自我管理就显得格外重要，在这里分享几个锦囊妙计。

一、赋予学习仪式感

生活需要仪式感，空中课堂网络学习也一样。空中课堂，也请各位同学严格按照在学校里的要求，按时起床，准时登录进入网络教室，提前做好课前准备，根据课表把相应的文具用品摆放整齐。同时，也请家长们协助，尽量为孩子创造安静、整洁的学习环境，如独立的学习空间、配有网络的电子设备等。

二、建立行为契约

承袭斯金纳的经典操作性条件反射的原理，我们在培养中小学生的行为习惯中常常会采用代币制，建立行为契约，以强化孩子的良性行为。在这个特殊时期，想让孩子如同迷恋网络游戏般地高度集中注意力于空中课堂，家长们不妨跟孩子们在家里约法三章，协商置顶行为契约，如一节网课之内不离开位置奖励一颗星，一个上午的网课吸收率达80%以上可获得五颗星星奖章，攒够10个奖章可兑换一个合理的心愿。

三、家长以身作则，树立正面榜样

孩子就是家长的一面镜子，这源于家长是孩子最初的模仿对象。因此，当我们气急败坏于孩子坐不住、没耐性时不妨自我反省一番，作为成年人的我们是否能做到高度自律？即便没能如此，那么在孩子进行网络学习的时候，陪伴在旁的家长是"葛优躺"刷手机还是捧读书本呢？

我们学习的方式改变了，但是环境从来不能打败一颗勇敢的心，从现在开始，每个同学都拥有了一个新型的学校，在这里，客厅就是操场，空中课堂就是教室，书房是知识的宝库，厨房是劳动体验基地，阳台就是瞭望台，心有多大，舞台就有多大。这所新型的学校靠的是自律，看的是坚持，比的是意志力。同学们，用行动证明，"宅家"我们也能自主，高度自律吧！

四、充实孩子的现实世界

互联网时代，电子信息、网络科技的迅猛发展给人类生活带来了巨大的便利，与此同时也衍生了很多问题，如青少年的网络成瘾问题。有一个触目惊心的数据：在册登记的心理咨询案例中，网络成瘾问题占15%。笔者是宝安区未成年人心理成长保护站的值班老师，在这期间，平均每天接到的5个来访电话中有3个是手机网络使用不当导致的一系列逃避现实、学业成绩下降、忤逆师长、亲子矛盾、家庭冲突等问题，表层上看都是过度沉迷于网络游戏、手机电视等电子产品所导致的，但是通过几次咨询以及家长和老师的反馈可知，网络成瘾只是恶性循环链条上的一个环节，根源大都在于现实世界的空虚，这种空虚不仅仅是指缺乏父母的陪伴与督促，更是指精神世界的无聊寂寞。网络虚拟世界所给予孩子们的夸张式的点赞与认可和打怪升级后的巨峰成就感，弥补了很大一部分在现实世界中长期被忽略、被否定的孩子的心理落差，也就让他们对虚拟世界欲罢不能。对此，家长们要想将孩子从虚拟世界中拉回来，很重要的一点就是要充实孩子的现实世界，让孩子在现实世界中也同样能体验到被重视感与成就感。

手机、网络让生活更美好，而不是成为我们的孩子填补空虚生活的工具。

阅读策略篇：
闻得见的书籍芳香

阅读，从推荐开始

熊艳丽

阅读对于儿童成长的重要性毋庸置疑。"阅读与不阅读，区别出两种截然不同的生活方式或人生方式。这中间是一道屏障、一道鸿沟，两边是完全不一样的气象。一面草长莺飞，繁花似锦；一面必定是一望无际的、令人窒息的荒凉和寂寥。"

世界上一些国家，将"阅读"作为关乎国家命运和个人幸福感的一项伟大工程来对待，甚至以立法的形式来推动阅读。2000年，深圳市委、市政府正式启动读书月活动，以活动的形式推动"全民阅读"。通过19年的坚持，深圳读书月活动已经走进千家万户，融入市民生活，成为深圳市民的文化庆典。

培养孩子的阅读兴趣，让阅读成为孩子一辈子的好习惯，是智慧父母应该肩负的重要责任。如何有效激发孩子的阅读兴趣，引导孩子开展快乐阅读，进而形成孩子自主阅读能力和习惯呢？在平常的亲子陪伴中，父母可以从好书推荐与阅读推荐课等方面展开。

一、阅读，从推荐好书开始

"读书好，好读书，读好书"是冰心先生的名言。现代书籍浩如烟海，市面上的儿童读物越来越多，选择"好书"却变得越来越难。如何根据不同年龄段孩子的阅读心理特征和兴趣点选好书、选对书，已成为父母引导孩子阅读的前提条件和应有之义。

（一）依托"快乐读书吧"去选择

"快乐读书吧"是国家统编小学语文教材的一大特色。每一个单元，编者根据单元主题进行读书推荐，旨在激发学生的阅读兴趣，打开学生阅读的视野。父母向学生推荐好书最便捷的方式就是用好"快乐读书吧"。以五年级上册第三单元为例：本单元的阅读主题是"民间故事"，教材先以一篇课外阅读材料《田螺姑娘》引导学生走进民间故事，再以一篇带整本，推荐《中国民间故事》整本书阅读，最后通过中国民间故事与世界民间故事的对比，推荐了阿拉伯故事集《一千零一夜》、欧洲民间故事《列那狐的故事》以及《非洲民间故事》等书籍。教材的精心编排已经为阅读推荐做好了指引，我们可以遵循这些思路选择这些书作为阅读推荐，由点带面、由浅入深地引领孩子感受阅读的快乐。

（二）关注媒体、名家去借鉴

关注权威媒体、语文大师或是知名作家的好书推荐，通过阅读推荐目录，获取更权威精准的阅读资料，也是一种很好的阅读推荐的借鉴之道。当前网络信息发达，各大媒体、权威杂志、知名作家大都有自己的公众号，作为父母的我们能比较便捷地获取各种好书资讯。这些网络公开信息大多经过专家、团队的资源审定，具有较高的参考价值。父母需要做的是依据孩子的年段特点和自身需求进行认真筛选，可通过查找相关书评或前期阅读进行甄别，从而确定向孩子推荐的书籍名目。

二、兴趣，从阅读推荐课发端

一个人的阅读习惯，主要是在儿童时期形成的，阅读兴趣对于阅读习惯的培养至关重要。北京大学温儒敏教授曾强调：名著阅读是为学生人生"打底子"的需要，而提高学生阅读兴趣是语文教学的"牛鼻子"。阅读中，抓住了兴趣这一关键，我们才能更好地培养孩子的阅读习惯。因此，如何激发阅读兴趣成为阅读好习惯形成的关键因素，下面以《光草》这本书的亲子阅读陪伴为例。

《光草》的作者是意大利知名儿童文学作家罗伯特·普密尼，这是一本生命题材的经典作品，与《马提与祖父》并称意大利文学感人的儿童小说。这本书很适合十多岁的孩子阅读，它通过一个生动曲折的故事来讲述一些浅显易懂的生命真谛，可以让孩子从简朴清新又富有诗意的文字中去感受生命的意义，去体会爱和勇气。

（一）画面激趣

一本经典好书，它的封面是经过编者精心设计的，其中往往蕴含着丰富的阅读信息，我们利用它能收到意想不到的效果。在《光草》阅读推荐课上，父母可以先引导孩子观察《光草》的封面，以此激发阅读的兴趣。封面选自书中一幅插画，画面很美，翠绿的草地、活泼的动物，充满着生命的活力与温暖。仅仅是封面的一幅画就让孩子充满了兴趣，有了阅读的愿望。在图画视觉刺激之后，再引导孩子去观察封面上的文字，获取诸如作者、国籍、获过的奖项等信息，特别是封面上"一个墙上的异想世界"这行文字，很快让孩子浮想联翩，兴趣盎然。

封底同样精彩：一片熠熠发光的"光草"上飞翔着几只美丽的鸟儿，夜空下繁星点点……封底还有两段精彩的"书评"。抓住封面、封底的画面与文字信息，引导孩子细细品味，能较快地把握全书基调，较好地激发孩子的阅读兴趣。

（二）目录导趣

许多经典文学作品都有精彩的目录，通过目录，能让孩子对整本书有个大致的了解。父母可以巧妙地利用这些目录，再次激发孩子的阅读兴趣。在《光草》中，作者的目录充满了趣味。在亲子阅读时，父母可引导孩子去细读目录中每一章节的小标题，让孩子从目录中猜一猜每一章可能描写的内容，你最想读哪一章呢？阅读前的预设、大胆的想象，给孩子带来强烈的阅读期待。

孩子可能会说："妈妈，我最想读第七章《平原与大海》，因为，我很想看看在马杜勒的墙上会有一片怎样的平原和大海，那里的风景美不美？"也可能会说："我好想看第九章《病发》，我想知道是谁帮助马杜勒！"或许还会说："爸爸，我想看第十三章《新的风景，新的生命》，我想看看是不是马杜勒得救了，在他的世界又到底出现了什么样的新风景，拥有了怎样的新生命。"……在孩子的主动参与和亲子的热烈讨论中，你会发现你的孩子已经迫不及待地想要翻开书阅读了。

（三）情节引趣

所谓"情节引趣"是父母在通读文本后，根据孩子的阅读心理，精心选择书中某些情节作为材料来设置悬念，激发孩子的阅读兴趣。《光草》是关于生命话题的文学作品，对于小学阶段的孩子而言颇有些沉重。父母通过选取部分精彩情节来进行指导，既利于孩子阅读心理的安抚，又利于问题创设引导阅读。例如，第一章《画家萨库玛》，有画家萨库玛帮助马杜勒作画的片段，在同读这一情节之后设置疑问：画家萨库玛到底有没有接受马杜勒父亲的邀请，帮马杜勒作画？在第十四章《最后的一条海平线》中也可选取一个片段进行设疑：老虎兹号最终驶向哪里去了？……具体的情节、巧妙地质疑能使孩子快速进入阅读状态，从而点燃孩子心中阅读兴趣的火花。

（四）分享延趣

阅读是个体独特的审美体验，孩子在阅读之后的分享则是延续阅读趣味的重要途径。阅读分享非常重要，学会尊重和认可孩子独特的阅读感悟，自由畅谈读书体会，在分享与交流中激发认知火花，产生思想共鸣。

阅读分享的形式可以多样。亲子交流分享、制作读书卡片进行分享、读书笔记分享或者利用喜马拉雅APP等网络平台进行分享，都是很不错的方法，这些灵活多样的阅读分享方式都能帮助孩子延续阅读兴趣，感受到阅读的快乐及获得精神的满足感。通过各种形式的阅读分享，在不知不觉的坚持中，潜移默化地提升孩子自主阅读的能力，让孩子养成良好的阅读习惯。

当然，在亲子阅读陪伴前，父母还应亲身阅读，尝试用孩子的眼光去把书读懂、读透。父母只有读透这本书，才能留意到书籍的精华之处，才能对书中的每一个细节了如指掌，才能游刃有余、有底气地向你的孩子进行阅读推荐和有效的亲子阅读陪伴。

结语：阅读从推荐开始，这是兴趣激发的开端，也是习惯养成的发轫。让父母为孩子精心推荐阅读书目，引导孩子掌握必要的阅读方法，帮助孩子打开快乐阅读之门。希望所有孩子在我们的引领下养成爱阅读的好习惯，在快乐阅读中浸润心灵，涵养精神，从而珍惜当下，不惧未来，这是智慧父母送给孩子一辈子的精神财富。

最有效的亲子陪伴——素养阅读

熊艳丽

阅读能力，是最重要的学习能力。家长对待孩子阅读的态度，决定了孩子学习能力的高低。家长在尊重孩子合理兴趣阅读的前提下坚持素养阅读的原则，引导孩子走向正确的阅读方向，将会影响孩子的一生。

阅读能力的提升关键取决于素养阅读。在当今知识爆炸和迅速更新的时代，阅读的途径呈现多元化，无论是传统的纸质阅读，还是现代化的电子阅读、网络媒体阅读，都为我们打开了一扇通往世界的窗户。但是如果我们没有任何甄别地去阅读，不仅会浪费大量的阅读时间，还会让我们走很多弯路。我们成人尚且容易迷失自我，更何况是未成年的孩子？他们更需要我们引导其选择健康有益的阅读内容，以免误入歧途。

为什么说素养阅读是最有效的亲子陪伴？我想从以下几方面来谈谈我的感受。

一、素养阅读，拉近亲子距离

自我的儿子哲平幼时起，我就特别注重和培养他的阅读能力。记得在他三岁的时候，我给他在书城买了一个点读机，里面有很多有趣的听读故事：成语故事、寓言故事、童话故事、历史故事等。我只要一有空就会陪他一起聆听，他一边听一边在旁边安静地搭积木。只要音乐停了或是我走开了，他就会停下来说："妈妈，不要停。妈妈，不要走，陪宝宝。"

虽然那时候的他不太认识字，但是就是这么不断地安静陪伴他听故事，慢慢培养了他对阅读的兴趣。潜移默化的亲子阅读陪伴，既拉近了我和儿子的情感距离，又培养了他对纸质绘本阅读的浓厚兴趣。

记得我送给哲平的第一本绘本是《彩虹色的花》，这本幼儿绘本主要讲述了一朵彩虹色的花，它无比善良和充满爱心，甘愿舍弃自己每一片美丽的花瓣去帮助别人的感人故事。当时，哲平读不懂太多的文字，在我的讲述下，他似乎听懂了，当听到彩虹色的花最后只剩下光秃秃的身子的时候，懵懂的他好像听懂了什么，难过地问我："妈妈，彩虹色的花好可怜，它好像快要死了，是吗？"我想，那时那刻，那朵彩虹色的花已经帮我教会了他什么是善良，什么是关爱。

像这样的亲子阅读时光是我们的日常，尽管那时工作再忙，我也会每天挤出一些时间来陪伴他，引领他走向更广阔的阅读天地，而儿子对我的感情也更深了。

试想，如果那时作为家长的我们，只是随意地让孩子看电视、玩平板，或许我们会有短暂的轻松，但我们也许会错过一段最美好的亲子时光。

二、素养阅读，培养探索精神

作为家长的我们，应该帮助孩子去选择有益孩子身心的书籍。有时候，我们家长可以适当地用一些书籍来培养孩子的探索精神。

我给哲平买第一本科学类书籍是在他读幼儿园的时候，那时的他对一切都充满了好奇：妈妈，为什么地球有臭氧层？妈妈，鱼会睡觉吗？妈妈，大海里有什么有趣的动物呢？这一个个充满好奇的问题有时候真会把我问烦，于是我用了最省心的一招，干脆给他买了一堆科普类的绘本书籍，远到宇宙苍穹，近到人体自身，还有各种陆地上、森林里、草原上、沼泽地、深海湖泊……这些书籍为他开启了一扇通往自然科学的大门，也培养了他的探索精神。

直到现在，他学习累了的时候，也常常会拿起一本《奥秘》杂志，释放一下学习压力。

三、素养阅读，拓宽人生视野

有人说，阅读最大的魅力就是"身未动，心已远"。只要你走进书的世界，便会发现世界之辽阔。

我记得，在儿子六年级的时候，我买了一本书，叫《人生必去的100个地方》，原本是买给自己看的。未曾想，有一天，我在哲平的周记本中发现了这样一篇文章——《我想去埃及旅行》。文章主要讲述了哲平偶然间看了妈妈的这本书，萌生了想要去埃及旅行的冲动，文章中很多内容都在描绘对埃及的憧憬和向往。看到儿子的文章，我不禁感叹，父母看什么书，会直接影响孩子的阅读选择，而这些书籍无形之中也会拓宽孩子的人生视野，让孩子渐渐懂得世界有多辽阔，自己有多渺小。

所以，自那以后，我每个月都会购买一些比较有品质的书籍，零散地放在家里的各处：床头边、沙发上、书桌前，甚至洗手间。我发现儿子会有意无意地翻开看看，无形中拓宽了他的阅读和人生视野。

四、素养阅读，培养正确三观

古人云：人之初，性本善。也有人认为：人之初，性本恶。我倒认为孩子更像是一张白纸，这张白纸是由我们家长来描绘的。我们总是能在孩子的身上看到自己的影子。孩子小的时候，我们可以用言传身教来引导孩子做人，当他们长大一点儿的时候，我们的知识渐渐变得不足，这时候，好的书籍就发挥了作用，有时候对孩子的影响甚至会超过我们。所以，选择有益的书籍对孩子来说是多么重要。

哲平在五年级时，我曾给他买过一本《哈佛家训》，谁知他一拿到便手不释卷，只要一有空就看它，常常读完《哈佛家训》里的文章后来写读后感。我发现看了这些人生哲理的文章之后，他看问题的角度更多了，观点也更深刻了。他甚至还会关注些社会热点，和我一起讨论对错。我想，或许就是这些哲理性的书籍让他慢慢学会了关注社会、思考人生。而正确的三观也会在这些阳光积极的文章中得到确立，它们对孩子的影响有时甚至会超过我们对孩子的絮絮叨叨。当孩子在素养阅读中形成了正确的三观，以后再长再远的人生之路，遇到再大的风浪，他也定会淡定从容地去面对。

结语：有人说，孩子就像一杯水，我们做父母的就是那个装水的杯子。如果我们不去正确地引导和约束孩子，他们就会泼进地里，不知所踪。我们就是要用这个杯子去塑造他们，塑造他们健康的人格，培养他们美好的品质。素养阅读，就是一种最有效的亲子陪伴，在孩子生命的不同阶段，给予他们心灵的养分和成长的力量。

浅谈亲子悦读

蔡广丽

人的阅读习惯是后天培养的，如果我们能够让每个家长重视亲子阅读，并让每次的阅读时光快乐无比，由阅读变为悦读，何愁孩子不爱阅读！

一、悦读乃进步之梯

高尔基说："书籍是人类进步的阶梯。"大家都知道阅读很重要。一个人的阅读史就是他的精神成长史，阅读总量的高低决定他知识总量的高低，知识总量的高低决定他工作总量的高低。查理·芒格年轻时，他就喜欢每天抽出一个小时用于阅读学习，他说一个人能做的最好的事就是帮助其他人拓宽知识面，我的孩子们打趣我说，我就是一本长着两条腿的书。还有一个值得一提的人，他是一个外卖送餐小哥，叫雷海为，他赢了北大硕士，夺冠《中国诗词大会》。《中国诗词大会》集合了全国的诗词牛人，但风里来雨里去的雷海为凭着自己对诗歌的热爱、凭着去哪都揣着《唐诗三百首》，千淘万漉虽辛苦，吹尽狂沙始到金，这一刻他在读书上花的所有时间，他所有偷偷地在书店里背下的诗句，都绽放出了格外夺目的光彩。这些例子都是在告诉我们：只要阅读并且悦读，你在读书上花的任何时间，都会在某一个时刻给你回报。

二、共读乃悦心之事

什么是亲子悦读？亲子悦读，又称"愉悦的亲子共读"，就是以书为媒，以阅读为纽带，让孩子和家长共同分享多种形式的快乐阅读过程。亲子悦读必定是有好处的，它的好处有哪些呢？首先，亲子悦读满足了孩子们听故事的需求，诱发了他们的求知欲；其次，亲子悦读可以加深父母与子女之间的感情，虽然你和孩子在生活起居上已经很密切了，但思想心灵上的交流，一起看和分享的过程更美好；再次，亲子悦读可以培养孩子阅读语言文字的兴趣，让孩子们喜爱书本；最后，亲子悦读可以极大地提高孩子们的阅读能力，积累和发展语言，开发智力，发展创造性思维。

三、浸润书香乃明智之举

既然亲子悦读这么好，我们该怎样进行亲子悦读，让我们浸润书香呢？需要有四个条件：环境、时间、方法和书籍。

（一）营造良好的阅读环境

很多研究表明：良好的环境有利于提升孩子的阅读兴趣。这里讲的阅读环境，包括阅读硬环境和阅读软环境。

首先讲讲阅读硬环境。我们可以尝试在家里布置家庭书墙，可以给我们的阅读角起个可爱的名字，等等。但有几点温馨提示：①书本最好放在孩子随手可得的地方。②书本应配合孩子的身高，放在书架的中下层。③书架、书桌、沙发旁、床头柜都是放书的好地方。④有书的地方一定要光线充足。⑤高度合宜的书桌及舒适的座椅很必要。

然后说说阅读软环境。阅读软环境是指一种精神环境，一种情绪环境，一种心情环境。父母的引领示范其实是给了孩子一个阅读好心情，心境的塑造其实就是阅读的外因软环境。所以要特别注意：父母情绪不好，或者孩子情绪不好的时候，不要进行亲子阅读。孩子在看书时，不要在旁边唠唠叨叨。一种舒适的好心情，会让孩子更能静下心来，提高阅读效果。

（二）悦读讲策略

1. 悦读仪式感

生活要有仪式感，我们的悦读也可以有仪式感。每次阅读之前的"悦读仪式"可以让孩子沉静下来，摒弃躁动的状态，感受阅读前的宁静。拍拍书籍的页面，他们是在和朋友亲切地打招呼，他们是在和书籍做朋友。这样的过程，给孩子带来了仪式感所赋予的神圣和安稳，这样的阅读孩子会更加喜爱吧。

2. 高效阅读要点

（1）整体阅读，群文阅读，整本书阅读；主题阅读。

（2）大量阅读，专注沉静，不求甚解；积沙成塔。

语文新课标继续沿用老课标"学生九年课外阅读总量要达到400万字以上"（小学六年145万字以上）的规定。145万字究竟是多大的阅读量？如果一本书10万字，也就是15本书，就是说小学六年才读15本书。犹太人人均每年读书64本，美国人均每年读书50本，日本人均每年读40本（小学生人均每年读书116本），而我国香港从2001年开始要求每位学生每学期读30本书。可见，仅仅读完语文课标规定的书目，阅读量是远远不够的。

（3）增加听读。

不受时空限制，随时随地可以听读。14岁之前，听觉是学习的优势通道，应该多运用耳朵进行学习，尤其是在学习语言方面。

（4）读后交流。

能用自己的语言讲出来的，才是自己的；学习的内容只有转化为有声语言（讲出来），才能形成活性思维。仅仅死记硬背或一览而过的书面内容（讲不出来）并不能形成真正的思维和能力。

（三）方法乃捷径之门

学习的金字塔理论告诉我们"百闻不如一见，百见不如一练，百练不如真干（说出做到）"，我们该怎么做呢？我们可以用新颖活泼的阅读指导方法，共同阅读一个故事，共同朗诵一个故事，共同演绎一个故事。

1. 游戏法

家长可以采用跟孩子做游戏的方法把故事情节再现出来，加深孩子对故事的印象。

2.听读启蒙发

家长饶有兴致并抑扬顿挫地朗读故事或者文学作品，引导孩子倾听故事，有利于孩子良好倾听习惯的培养。

3.讲述提问法

家长与孩子拥坐在一起，家长讲述，或者边讲边提问、解释疑难，引导孩子阅读理解。

4.角色扮演法

家长与孩子以口头扮演或动作扮演等形式，担任阅读材料的某一角色，这个方法可以大大激发孩子对阅读活动的兴趣，提高孩子的语言表达能力和用动作表现的能力，加深对阅读材料的理解。

5.改编故事法

在阅读中，鼓励孩子积极根据自己的理解和思维，对故事中原有的情节进行改编，拓宽孩子思路，发展孩子的创造性思维，使孩子体验到成功的乐趣，激发孩子继续阅读的兴趣。

6.改错法

家长在读故事时故意讲错情节，让孩子去发现错误，纠正错误，从而提高阅读兴趣。

7.移情法

让孩子站在阅读材料的某一角色的立场想问题，让孩子简单表达自己的想法，引起孩子的思考，如："如果你是小红帽，碰到大灰狼时应该怎么办？"

（四）选择乃成功之基

阅读正确的书籍让孩子阳光向上，因此，我们为孩子进行亲子悦读内容选择时一定要注意以下几点。

1.符合儿童年龄特点和成长目标

中小学是建立正确"三观"（世界观、价值观、人生观）的关键期——需要掌握全面的自然、社会和人生的常识，即"真"内容，少读、不读玄幻、魔法、鬼怪、穿越、煽情、猎奇、刺激等内容虚幻、虚构、虚假、夸张的"假书"，不读毫无知识、纯粹低俗的漫画，方能认识真实的世界和更好地适应世界。

2.适应未来社会的需要

当前的应试内容导致：未来社会最缺乏冷静理性、深沉执着、宽幅深思、踏实笃行、厚重担当的精英人才。读鼓舞人、积极向上、踏实拼搏、面对现实、勇于担责、充满力量的上等书，练就真本事，只有"真"本事，方能经受真实社会的检验。

让我们和孩子一起读书讲故事，一起在书中领略大自然的知识，一起在书中研究自然；让我们一起带着愉悦的心情来亲子悦读，以悦读提高素养吧！

结语：你在亲子悦读上花的任何时间，都会在某一个时刻给你回报。

让家庭阅读成为最佳陪伴途径

林 莓

东晋有位名士郝隆，生性诙谐。年轻时无书不读，有博学之名。七月七日那天，按照晋朝时期的习俗，每逢七月七日，每家每户都要曝晒衣物，驱除衣物内的潮气和蛀虫，以便冬天可以穿用。郝隆见富裕人家曝晒绫罗绸缎，突然产生了与他比一比的念头。

于是，郝隆从家中搬出竹榻放在庭中，在正午烈日当头的时候仰卧在榻上，解开自己的上衣，袒胸露腹，在烈日之下曝晒。有人见郝隆这般光景，不禁大为奇怪，便上前问他为何要如此。郝隆傲然回答："你晒你家中的衣帛，我晒我腹里的书本！"

这就是典故"郝隆袒腹晒书"的由来。这个故事出自南朝刘义庆的《世说新语》中载的"袒腹晒书"的段子："郝隆七月七日出，日中仰卧。人问其故，答曰：'我晒书。'"在上社村，有一块清代同治年间所立的石碑，石碑上记述有郝隆"袒腹晒书"的故事。《漳州四时竹枝词》就有"晒衣六月蠹能除，酷热金乌燎太虚。此日天门开好晒，郝隆惟晒腹中书"的诗句。

到汉唐时，曝书逐渐形成制度。至北宋，更形成独特的馆阁翰院文人的曝书集会。曝书至此成为文人士大夫文化生活的一种方式，成为博雅文人品鉴学习诗书的绝佳机会。《穆天子传》中就有"天子东游，次于雀梁，曝蠹书于羽陵"的记载。东汉崔实《四民月令》云："七月七日，曝经书及衣裳，不蠹。"古人为防止书籍善本受潮或遭虫蛀，会"晒书"。

晒书，又称曝书。看似琐碎小事，但由此生发的风雅趣事，却常常令人回味无穷。

可见即使是读书，也可读出几分趣味和雅致来。家长在培养孩子阅读的过程中，要做到四步。

一、诱发好奇

曾国藩家书中，就有"读书明理，不求做官发财"一说。他说："凡人皆望子孙为大官，余不愿为大官，但愿为读书明理之君子。"他在书中说："读书之法，看、读、写、作，四者每日不可缺一。"紧接着，他又提出："盖士人读书，第一要有志，第二要有识，第三要有恒。有志则断不敢为下流，有识则知学问无尽，不敢以一得自足，如河伯之观海，如井蛙之窥天，皆无识也。有恒则断无不成之事。此三者，缺一不可。"

可见，家长的适当引导是多么的重要，即使是曾国藩也不能例外。

家长们应该在孩子上幼儿园的时候，开始诱发他们对书籍的好奇心。此时，面对年幼的孩子，年轻的家长们要学会讲故事。

家长可以绘声绘色地把"祖腹晒书"的故事讲述给孩子听，给他留下一个风趣的读书人形象。让他知道：读书也可以成为一件很有趣的事情，古代人为了更好地读书，还会把读书的多少当作自己的财富。家长要把握孩子的好奇心理，以引诱的语气向他表明：只要你开始喜欢上读书，你会发现里面有很多有趣的事情等待你去挖掘。

随后，家长们一定要给孩子制造一个喜欢阅读的家庭氛围，孩子放学回家后，见到家长的第一眼，最好是正在阅读。家长可阅读报纸杂志、小说散文等，给孩子制造一种"阅读是我们共同的爱好"的环境。切不可以"工作一天太累，只想休闲"或者"这么大年纪了就让自己玩一下吧"为借口，在孩子面前拿着手机玩游戏，或者懒懒地打开电视观看。

二、确定书籍

孩子是一张洁白的纸，家长要往上面涂抹什么样的颜色，均要慎重思考。因此，家长要跟孩子进行沟通，了解他的兴趣爱好，帮助他们选择自己所喜欢的书籍。

比如三岁前的幼儿喜欢色彩明亮的卡通书籍；学前幼儿喜欢带有情节的绘本；小学低年龄段的学生喜欢故事情节丰富的书籍；而中年龄段的孩子则对幻想、探索等书籍感兴趣；到了小学高年龄段，他们对于科幻、想象力丰富的书籍尤其推崇。家长可以带着孩子到书店、图书馆等书籍丰盈的地方，让孩子自己选择，而家长应当在旁进行指导。

一般来说，0～3岁可以选择色彩鲜艳、字体稍大的歌谣或简单的童话书籍；3～6岁可以选择童话故事的绘本；6～8岁可以选择童话或者神话故事，适当有插图；8～10岁，插图逐渐变少，选择故事情节丰富的童话或者校园类的故事读本；11～13岁，选择动物小说、当代儿童作家著作、校园故事或者经典的儿童文学著作，如曹文轩、沈石溪等当代优秀儿童文学作家的书籍。

三、阅读环境

阅读环境包括硬环境和软环境两种。硬环境指的是家庭阅读环境，即家里是否有大量的藏书、是否有专门的阅读场所、是否能让孩子随手可以翻阅图书。

软环境指的是家庭阅读氛围。

其一是大氛围：家庭成员应该培养自身的阅读习惯，每个人都应该有自己喜欢的书籍。如奶奶阅读食谱，爷爷阅读养生书籍，妈妈阅读文学书籍，爸爸阅读政治兵法书籍，孩子阅读儿童文学书籍等。还可以共同阅读报纸杂志等简单的文字，要给孩子制造"阅读就是我们家的共同爱好"的氛围，给孩子做出良好的示范。

其二是微环境：每次阅读，家庭成员可以围绕一个感兴趣的观点进行讨论。如孩子读到了一个可爱的故事，全家人一起放下手中的书，与孩子一起讨论该故事的前因后果、故事可以发展的方向、故事的续写。

最有意思的是故事续写：全家人共同阅读一个故事后，轮流为这个故事的结尾进行改编，展开丰富的想象，告诉大家故事结束后还会发生什么样的事情。过程之中，要有一个人专门进行记录或者录音——记录下来的日常点滴，这将成为家庭最大的一笔财富。

硬环境指的是家庭有独立的阅读空间。

家庭要有一间相对独立的、安静的阅读空间，为孩子减少不良因素的干扰，减少家庭成员所制造的嘈杂。有条件的家庭可以有书架或书柜，上面要有丰富的家庭藏书。优越的阅读条件，这对于培养孩子的阅读兴趣有很大的帮助作用。

四、同辈共读

家长首先要提前阅读，了解书中的内容。接着，家长可以向班主任申请，作为"故事妈妈（爸爸）"的身份进入班里，先在全班孩子面前引出书籍，设定悬疑，让孩子共同在书籍里找出答案。

家长甚至可以在课余时间建立班级读书小组，让同龄的孩子有机会走在一起，共同阅读感兴趣的书籍。在此时，家长要一视同仁，以表扬鼓励为主，切忌进行比较，以免孩子产生自卑和逆反心理。

阅读习惯应该是由家庭成员加上学校教育共同培养的。而父母或其他年长者应在家庭内自觉地、有意识地对儿童和青少年进行教育，自觉地、有意识地按照社会对培养下一代的要求，通过自己的言传身教和家庭的生活实践，对子女实施教育。

科学研究表明，在现代社会，对于一个人的成长和成功来说，其情感智商（EQ）所发挥的作用远远大于智力智商（IQ）。而对孩子的情商培养，正是家庭教育对下一代的成长及未来社会的发展产生积极影响的最重要方面。这也恰恰是中国传统的家庭教育非常重视并能在许多人身上取得成功的主要因素。

因此，在亲子共读的时间里，父母和孩子应该共同打开一扇窗口，让无尽的亲情化成白纸黑字的阅读，化肃清冷漠的平凡语言为温暖可人的亲子阅读，并让这个过程成为孩子们成长道路上的辙道印记。

结语：当家庭阅读成为家庭习惯后，最佳的亲子陪伴途径就是亲子阅读。而这种沟通形式不会止于孩子童年时期，将会一直存在于他们的成长过程中，即使到大学，他们也会因为阅读而与家长进行沟通。

阅读为书润家风的建立增添助力

林苺

阅读的出现，是源于一种热爱，更是源于内心的话语。那些话语像青草一般，粒粒新芽在心里盈盈长成，渐成蔓草丛丛的小道，将在阅读者的心里成为力拨千斤的力量，而这种力量一旦种植成功，将会对孩子的成长产生不可估量的作用。

然而阅读是一种极其私人化的行为。这种"私人化的行为"一旦长期动作，总是缺乏新鲜感，在年轻爱动、精力充沛的孩子身上，若是没有更多的动力，总有一天会消失。因此，家长们要让书籍"活起来"。

一、让书籍活起来

（一）走进生活体验与观察

"让书籍活起来"，首先要带着孩子走进生活，体验与观察生活中的点点滴滴。家长可以在与孩子阅读一本书后，带着书里的知识，到科技馆、博物馆、田间、农村等地方，进行体验与观察。这种体验与观察所带来的结果不会是一下就出现的，它将会延续到孩子的初中、高中甚至大学。毕竟，学会观察生活，在体验中感悟，才能让感情升华，而观察与体验也是一种能力。

以我的女儿为例：女儿幼儿园开始，逢周末我们都会带着孩子回乡下，让她体验乡下的风情，感受大自然的魅力。那天，我们刚好阅读完一篇关于田间的绘本故事。周末回乡时，我把她带到田间，让她戴着我自制的"小记者证"，走到农民身边谈话。那天，太阳极大，田间一位农民正在耕作。我鼓励她："当你能够走到他身边，你就成功了一半；若你能够开口问一句话，你就完全成功了。成功其实非常简单。"在这种心理暗示之下，她走了过去，当真问了农民伯伯一个问题："伯伯，请问土地是什么？"听到这个问题，我的汗都流出来了：宝贝，这是一个哲学问题啊。结果，那憨厚的老人却乐呵呵地告诉她："土地就是生与死的希望啊。"哲学家啊！我赞叹着，心里想着如何跟刚上一年级的女儿解释这句话之时，女儿一脸开心地小跑回来，大声宣布："我成功了！"

后来我与已经读高中的她聊天，问起当时的事，她已经不记得了。然而有一天，她在自己的习作本上，却写下了一篇文章——《归来》。

归　来

是过年，举家返乡。

亦是传统，整个大家庭总会聚这么几次。

我们也喜热闹，毕竟，人多处，莫名觉得，是归属。

爷爷年轻时的好友来凑热闹，一沙发苍颜白发的老头老太，道不尽数十年岁月苍茫。

"还是你家好，一过年就都回来喽，哪像我们……"

爷爷一下精神了："他们都不出去呀，逢年就回，过节也回，常回，常回！"奶奶坐在一旁乐呵呵地拍着腿，一脸红润。

我默然，倚在门口不发一言。

有时，我们回乡不过图个清静，图个新鲜。城市太喧嚣，乡村好呀，蛐蛐时叫，鸟儿常鸣。这一个无心的举动，却鸣响了老人们心中沉寂的老钟，点燃了那心门前枯稠的长明灯。

归来，归来，老人们愿我们能时常归来。这偌大的乡野有时太静，儿女承欢才是人间百味的极乐之态。

透过窗口，我看到两老兴奋得红润的脸。抬头，见檐上燕归巢。燕雀尚知归巢，何况人。

乡间的风从远方吹来，揪住我的衣角——

哪一天我忘了归来，清风啊，请一定代我那日渐老去的爷爷奶奶捎来一封信，且提醒我，记得回家。

我们早在她进入小学三年级后就取消了周末回乡的行程，而写这篇文章时，她已高一。文章明显写的是小时所发生的点点滴滴，爷爷奶奶的举动以及乡人们的谈话，其实发生在以前。如今，这些情景融入到她的记忆当中，成为她成长经历的一部分，被她嵌入情感，带上思考，然后，落地，开花。

（二）走上舞台观看与表演

一些经典而优秀的儿童文学作品是历久弥新的，每翻一次，均能读出几分新意来。如何让一本文学书籍在年幼的孩子心中产生火花，并被其中的思想感染，定是要另辟蹊径，才能抓住孩子那颗多变的心。因此，家长不妨寻找相关的电影或者舞台剧，让孩子进一步感受其中的魅力。

我的女儿在二年级时，我与她共读《城南旧事》。这是一本我无法释怀的书籍，作者林海音的文字总让我欲罢不能。然而，二年级的女儿在阅读时，其实是带有自己的情感色彩的。某天，当我问起书本这么多个章节，她最喜欢哪个章节时，她竟然告诉我："妈妈，我最喜欢看妞儿和秀贞重逢那一段了。"我觉得不可思议：明明和她阅读完后再看电影时，她哭得一发不可收拾，没想到这段竟然是她最喜欢的。当我问她为什么时，她说："如果妞儿和秀贞相认时，能够穿越到现在，她们就不会死了。"原来是同情和遗憾作祟，方让她对这一段记忆深刻。那年恰好读书月要进行朗诵比赛，我于是和她商量着写了一个剧本参加了当年的比赛，让她收获了人生当中第一个市级大奖。

这个经历让她认识到了文字的优美，更认识到作为一个写作者的成功。她说："原来，拿笔的人能够让人起死回生啊。"

二、让书籍走过来

"让书籍走过来"的意思，其实就是让书籍走到孩子的眼前，而不是家长把书拿到孩子面前，命令式地让他们拿起书籍阅读。孩子虽然年幼，却有自己的想法。家长若只一味地说"别人家的孩子如何阅读""你要读这本书"等信息，将会让孩子产生叛逆情绪。那么，如何让孩子自己寻找到书籍呢？

（一）让书城、书店、书吧和图书馆成为你和孩子休闲时最常去的地方

周末时光，应该是家人共同阅读、共同锻炼、共同感受天伦之乐的时光。在这个时光当中，家长最应该把孩子带到图书馆、书店等地方，让孩子徜徉在书的海洋，在孩子心中种一颗"有书的地方就是快乐之处"的种子。

（二）让孩子在书的海洋里自己寻找喜欢的书籍，让书籍悄悄地走到孩子面前

当家长带着孩子到书店后，先把孩子带到儿童阅读区域，让他观察其他孩子在阅读些什么书籍。书店里往往有很多孩子席地而读，这是一种无言的"同伴的力量"，好奇心会让孩子不自觉地同样坐下来，拿起旁边的书籍阅读起来。

（三）让在图书馆和书店寻找书籍，成为一种冒险之旅

这是一种非常有意思的亲子游戏，更是一种能够让孩子接触到知识产权的最简单的方式。家长在去图书馆或书店时，先录出一个书单，用神秘的语气跟孩子说："其实图书馆的书籍是有分类的，若要寻到它们是有技巧的。今天，让我们与书籍捉迷藏，看看如何能找到这几本书籍。"

接下来，无论是孩子问服务员如何找到那几本书，还是在家长的指导下在电脑里查找，都是孩子的一场冒险之旅。当书籍找到后，再跟孩子说："每篇文章的写作，每本书籍的完成，都蕴含着作者的心血。他们会废寝忘食地通宵写作，每一篇文章都是作者呕心沥血生出来的孩子，就好比你是我的宝贝一样，都很珍惜它们。"借此告诉孩子，一定要尊重知识产权，每一个人要引用别人的文章或者文字时，都要注明出处，并且终身禁止抄袭。

（四）让书籍成为他们每年的生日礼物

孩子的生日往往是家长最重视的日子，正因为如此，很多孩子在生日时喜欢收到物质性的礼物。若是在此时把几本精美而有趣的书籍送给他们，将会避免培养孩子的物质欲，转而把物质欲转成对书籍的喜爱。

三、让书籍落地

苏格拉底在生命终结前说："活着而不作系统思考就好比制作陶器或制鞋而不遵循技术程序，或者根本不知道有技术程序。"苏格拉底在众画家的笔下永远是白须触地、长袍罩身的形象，他眉慈目善，赤脚着地，安详地端起那个装着毒药的碗。这是对自己认定的真理坚定不移的表现，他宁愿失欢于众、获罪于邦，亦不改其信仰。

是的，人活在世上，不能不思考。而这种思考不是无缘无故的，应该是通过大量阅读后，让书本里的知识、情感、技能、观念根植于内心，并在遇见问题时，能及时解决。

（一）让书籍成为培养孩子价值观、行为习惯的助手

这种培养方式应该从小开始。每一本绘本都有其中心思想，家长可以择其一条，以名

言警句的方式告诉孩子，让书籍里的人物或者是优美的句子带领孩子获得正确的价值取向，以便对孩子进行养成教育。

以我女儿为例。在她读高中的某一年母亲节，她用手机录了一段话，送给我当礼物——这种礼物源于她小时候的书籍生日礼物，这让她从小产生出"不能用钱购买的生日礼物是最值钱的"观念。里面有一段话："有关人际交往的，那些个方的圆的地球；有关面对错误的态度的，那一扇倔强的门；有关自身价值的，那一棵瘦弱的小草；有关历经风雨的，那些心智筋骨体肤。"这是一段旁人无法理解的语言，唯有亲身经历的她的母亲——我，才能明白其中意思：这几句话源于她的小学年代，当她与朋友产生矛盾时，我跟她说："如果地球是方的，我们独自可以躲在一个角落里；然而地球是圆的，我们要相亲相爱。"当她考试考砸了，我跟她说："如果你把错误关在门外，那么你将把真理也关在门外。"当她发现写作业是一件如此枯燥无味的事情时，我跟她说："小草的足步虽小，却拥有脚下的土地。"当她遇到挫折时，我跟她说："天将降大任于斯人也，必先苦其心志，劳其筋骨，饿其体肤，空乏其身……"小时候的语言，我以为她不会记得，然而她却在成长的道路上，给了我一个不小的惊喜——原来，母亲所说的每一句孩子认为很有道理的话语，他们都会记在心里，并在某天产生作用，为其成长奠基。

（二）让书籍成为学习的助力

首先，要让孩子学会摘抄，培养孩子的阅读鉴赏能力，积累好词好句。其次，要培养孩子的写作兴趣，让写作成为他的娱乐方式之一。最后，让写文章成为孩子思考的方式。

阅读不应该仅仅是阅读，更应该在阅读当中学习如何写作。学习写作的方式只有一种：勤读多写。因此，在孩子年幼时，给孩子一本精美的本子，让他们把自己喜欢的词语、句子摘抄下来，并让孩子写下喜欢这个句子的原因。当孩子写下第一句时，家长要适时地进行表扬。允许孩子初次写下阅读笔记的短篇幅，或许短到只有两句话，下一次可能便是三行文字了。长此以往，孩子写阅读笔记的能力会越来越好，阅读笔记也将越写越长。当孩子在没有任何束缚的情况下写文章并得到家长及亲朋好友的表扬时，孩子将会喜欢上写作——也就是说，家长要学会给孩子一个展示的平台，可以是微博的展示，可以是朋友圈的晒文，也可以帮孩子打印成册。有一天，你会发现，你的孩子会把他的思考写下来，将他成长道路中的失败、挫折、不满统统写在文章里，并在文字当中得到心理的发泄。

阅读是可以成为家风的。当你发现长期生活的场所里拥有书香气息时，当你发现阅读成为生活方式和生活习惯时，当书籍的正能量成为家人的思想作风时，当书籍健康的内容正在培养整个家庭的正确审美观念时，当书籍养成家庭的价值取向和精神追求时，那么，阅读就已经成为家庭共同遵守的家庭规范，成为家庭共同遵守的美德"磁场"。

此时，阅读已经在无形中成为家风。

结语：家风是生活在一个场所里的家庭成员共同遵循的磁场，在这个磁场里，一定有共同遵守的规则与习惯。而阅读一定是最有效的、能够双赢的手段，因为孩子的每一个习惯养成，背后一定会有家长的支持。因此，每个家庭成员都应该养成阅读习惯，让阅读陪伴所有人成长。

聆听国学故事，培养阅读写作

——亲子阅读讲座实录

林 苒

学生们： 老师好。

林老师： 请坐。

非常开心看到我们的家长和孩子们，老师仿佛回到了小学的童年时代。

希望今天这节课结束后，家长们真的能够按照课堂里面所说的去做，带着孩子们一起喜欢上阅读，热衷于写作，成为真正的书香家庭。

这节课是一节系列课程。前两节课已经给孩子们上过了，孩子们还记得吗？前三节告诉我们孩子们要爱上阅读，这节课就是告诉孩子如何在家长的带领下共同阅读。那么下面，让我们来一起打开"阅读"这扇大门：我们今天的课程就是《聆听国学故事，培养阅读写作》。

首先，我给大家讲一个国学故事，介绍一个人给大家认识，这个人姓范，他们家有一座非常大的藏书楼，这个藏书楼里面很多书。他为了保护这些书，把钥匙分给家族里面的各房人，也就是整个家庭的各个子孙拿着。当某一位长辈要开楼房门拿书，所有的子孙要聚集在一起拿钥匙，才能开这个阁楼的门。

这座藏书楼名气非常大，就是现今还留存在世的"天一阁"。阁主叫范青，他们家这座藏书楼是全世界最大最古老的图书馆。为此他们家就立了一条家训，大概说的是这个意思：当整个大家庭要分家产时，不包括分阁楼里面的书籍；如果有人要偷窃藏书楼里的书籍，或者在没有请示的情况下把书籍借出去阅读，我将不再承认是我们范家的子孙。那么此人百年以后，不能葬在范家墓地。可以看到，这个家族不重视钱财却重视书籍，说明什么？说明这个家族，特别重视读书。

反观我们现在的家长，可能存在的状况就是：有书不看书、看书不读书。有书不看书的意思就是买了满屋子的书却没人看书，看书不读书是指孩子们只看图片，而不读文字。有没有这种情况？如果有这种情况，我们该怎么办？我们家长该怎么办？

在晚清末年，有一个出名的学者，叫作缪荃孙，曾任南菁书院山长、掌泺源书院、任南京钟山书院山长、掌常州龙城书院、江楚编译局总纂、江南高等学堂、学堂监督、任学堂总稽查，负责筹建江南最高学府三江师范学堂。有一天，他登上藏书楼，要找一本书。楼太大书很多，他找了很久都找不着。于是他又找了范家的子孙——也就是负责图书馆管理的人员，让他帮忙找自己要的书。但是问题出现了，他发现范家子孙也找不着这本书，这就很奇怪了：天天对着这些书的人，怎么会不知道书放在哪里呢？一问之下，才知道怎么回事：原来，范家子孙有很多是不认识字的。这也太奇怪了——拥有全亚洲最大的三大图书馆之一的范家子孙，竟然是个文盲！这说明什么？他们有书却不看书。

如今，也有很多人是这样的：他们只想买书，却不看书。他们的借口都是："当代社会太忙了，回到家还得忙家庭孩子，实在没时间。"当然，后来有人说就是因为范家子孙不认字，才不会去偷书，才保留了这么多的书，而"天一阁"方能保留"最大的图书馆"的称号。

如果说不认字是天大的悲哀，那么我们现在的孩子，有书不读书更是我们的悲哀，甚至是在我们宝安、在深圳这个国际化城市更是悲哀。

同学们知道里面那个小姑娘是谁吗？这个是我女儿读二年级时做的一件事情。那时我和她一起从一年级开始，在看书的时候跟她分角色来演。那个视频就是她在看的书——《城南旧事》，她特别喜欢里面一个情节，说的是小桂子找到了她的母亲，义无反顾和患有神经病的母亲离家出走的情况。情况非常惨烈，原著里说，这个母亲带着孩子，捡了衣服出逃的时候被车撞死了。

她读到这里就哭得稀里哗啦的，每次都要读，重复读无数次。那天我们就分角色来阅读，我演小桂子的妈妈，她演英子和小桂子。有一次，刚好是深圳读书月，深圳市语言改革委员会将举办一场经典诗文朗诵的比赛。我就想既然我的女儿这么喜欢这个情节，而我们又演了那么多遍，要不这次比赛就朗诵《城南旧事》里的这一篇？为此我着手进行创作、改编，最终把它搬到讲台上。

非常有意思的是：我女儿一演完英子后，坐在下面的评委笑着对她说，你真像英子。那天的演出非常顺利，应该是她阅读了无数次《城南旧事》，对角色研究得很得当，最后拿到了深圳市一等奖的好成绩。我在想：我的女儿从小喜欢看书，在她看书的基础上还会去演，而且还会朗诵，为什么呢？一个中国人，应该不仅要正确地运用自己的母语，更应该把母语朗诵得更加美好。朗诵对小学生来说有以下几个方面的好处：

（1）朗诵能够增强学生的自信心，让他们敢于开口表达，能够锻炼他们的语感。

（2）朗诵能够让学生进一步理解文章的内容，多次朗诵能增进他们对文章的理解。

（3）朗诵时需要大量背诵，可以锻炼孩子的背诵能力，增加他们的记忆力，为以后的作文增加素材。

那么现在，让我来总结一下，给大家一个阅读建议。是什么呢？就是以亲子朗读的方式帮孩子阅读散文。在学习朗诵的时候，孩子们需要大量地背诵。我到现在还记得当年，我女儿一年级的时候，一直喜欢看一本杂志，就叫《故事童话》，里面有很多有趣的童话故事，有时还能找到一些很好的文章。

那天，我告诉她要参加街道的小学生故事比赛——那是她第一次参加语言类的比赛。当她接到任务要参加比赛后，就着手找故事来背诵。长长的一篇故事，对于一个一年级刚入学的小学生来说，实在是一件苦差事：学校里的语文教材也就一百来字，而她却要背五分钟的文稿，相当于一千多字。长长的文章被她声情并茂地背诵了出来，她在背诵的过程中边哭边背，边背边打着嗝，打嗝时还不忘有感情地背诵。后来功夫不负有心人，她获得第一名的好成绩。就是因为她背得多，所以她记忆力特别好。语文老师经常让孩子背书，为什么要背书？因为背书也是一门技巧，从小开始背书，一直到高中。当孩子们到了高中后，那些长篇大论的文言文就简单了。那么我们作为家长怎么办呢？

非常简单，比如说：孩子们选择了一本书，那么家长可以大概地跟着他一起看这些书，然后问他们喜欢哪个情景，找到一些篇目，接着跟他们一起演说这个情节。那么怎么演呢？通过情节分配共同表演。我女儿曾经喜欢过一篇文章——《老鸟与人》，这篇文章是一个寓言故事，很简单的一个故事，说的是一只老鸟说人类有贪婪的心，小鸟希望能看这颗贪婪之心。于是老鸟便开始表演给小鸟看。那个时候，我跟女儿说：要不，咱们先分配一下角色吧？爸爸也要参加角色分配。爸爸最简单，就读旁白，只有几句台词："他说""他又说""他笑着说"。而小鸟则是我女儿，我呢，就是那只狡猾的老鸟了。

文章片段在如下：

小鸟问它父亲："世上最高级的生灵是什么？是我们鸟类吗？"老鸟答道："不，是人类。"小鸟又问："人类是什么样的生灵？""人类……就是那些常向我们巢中掷石块的生灵。"小鸟恍然大悟："啊！我知道啦……可是，人类优于我们吗？他们比我们生活得幸福吗？""他们或许优于我们，却远不如我们生活得幸福！因为在人类心中生长着一根刺，这根刺无时不在刺痛和折磨着他们，他们自己为这根刺起了个名字，管它叫作贪婪。"小鸟又问："贪婪是什么意思？""嗯？怎么？你想看看？这很容易。若看见有人走来，赶快告诉我，我让你见识一下人类内心那根贪婪之刺！"少顷，小鸟便叫了起来："爸爸，有个人走过来啦！"老鸟对小鸟说："听我说，孩子。待会儿我要自投罗网，主动落到他手中，你可以看到一场好戏咯！"

在座的各位家长，爸爸和我以及孩子在演绎的过程中，不只增进了感情，拉近了距离，还让孩子了解到阅读书籍是十分有趣的，知道不只她一人在阅读，大人也在阅读的行列当中。孩子深刻地体验到：原来在阅读的世界里也能如此美妙有趣。

我在一个讲座中邀请了我的女儿一起参加，并提出要求，希望她把小时候曾经背诵过的这篇文章，在讲座的过程中表演出来。她欣然同意了。在讲座过程中，我惊奇地发现，整整过去8年，她竟然还能把整篇文章按照原来设计的感情进行表演。就是这种背诵方式让孩子记忆犹新，而在这样的锻炼之下，她的自信心增强了、朗诵水平也提升了。

这就是我给家长的第一个建议：阅读时父母和孩子分配角色，适当的时候可以进行表演。简单地再讲一个案例：

在马来西亚沙巴州有一个学生，自从他上过我的课后，连着三年都来参加我的国学课程。而这个孩子在三年前跟着我的时候是最调皮的，那时候，只要有他在，我根本不能上课。因为我当时身处外国，礼貌上我是不适合批评他的。这个孩子在我看来，虽然脸上到处是疤痕，人却长得很帅。为了拉近我与他的距离，我轻吻他、拥抱着他、哄他。他跟了我三年，这个孩子妈妈每年都会到场聆听我的家教讲座。

2017年，孩子的母亲跟我说：林老师，你知道我的大儿子脸上为什么那么多疤痕吗？因为我有两个儿子，兄弟俩老打架。她认为这样的兄弟关系很让她头痛，问孩子长大一点儿后会不会就不是这样子的了。我跟这位焦虑的母亲说，那是他们一家子的亲子关系出现问题了。因为爸爸妈妈特别忙，大儿子扔给了奶奶教养，长大后才回到身边，因此不知道用什么样的方式来拉近双方的距离。我建议他们一家子进行亲子朗诵沟通。随后我跟这个孩子说：林老师的英文很烂，你能不能时不时地给林老师录一段英文，你可以录一句，爸爸、妈妈、弟弟各录一句，就能把这短短一分钟的录音录下来了，然后发给我，行吗？当时，一家四口都答应了。很可惜，到目前为止我依然没有收到录音。妈妈说一直没空，一直没有沟通。

大人就是这样：每当孩子发生什么问题时，总说自己太忙了，没时间顾及。今天，我希望在座的各位家长在听到我这个建议以后，能够从今天晚上开始，每天跟孩子以玩乐的形式一起录音。只要录了音的，就可以发给我，我将会把你们的录音作为上课时的案例，向大家做推广。

现在进入课程第二环节。你有没有遇见过这样的问题：只会看书不会写作。我来为大家讲述一个自己的亲身案例：我的女儿在一年级第二学期开始写文章。当她写文章的时候，我跟她一起写。然而她往往说，妈妈我真的不知道怎么写。这个时候的她就是只会看书不会写作。为什么会出现这种问题呢？各位家长，孩子们现在还分不清什么是好的文章，也不知道为什么要写文章。作为家长的我们该怎么做呢？因为家长要告诉孩子什么文章是好文章，然而家长说我也不知道啊，那怎么办呢？当然，第一步就是自己要看书阅读。

第二步就是以游戏的方式，打开亲子阅读大门。大家可能会觉得怎么是以游戏的方式来阅读呢？家长记住，孩子们一开始写文章的时候，不是为了写给某一个人的，而是为了让自己开心的。因此，我们一开始可以让孩子认为：写文章只是为了玩。当我们觉得这件事情非常有意思，想把它告诉别人，可是用语言告诉别人会很容易就忘记，如果写出来，让大家都能看到，那就有意思了。孩子们，你们要记住：当你们写出的那句话，连你自己都觉得不好玩、没什么意思时，这篇文章就是不成功的；然而当你读了自己写的文章，觉得特别有趣、特别满足时，这篇文章就成功了。还要记住这一点：不要老是想着喜不喜欢写文章，只要想着：我要写文章了，写出来一定很有趣，就可以了。

我给大家讲个故事——《张溥嗜学》。张溥特别喜欢看书，他看书和别人不一样，他每拿到一本书必手抄，抄完一本后，朗诵一遍，马上把手抄的书籍用火焚烧了，接着又抄。就这么抄了烧，烧了又抄，六七遍后，书籍也就几乎记下来了。然而，他的右手握着笔管的地方，指掌成茧。一到冬日，手部就会起冻疮。都这样了他还不停，每天用热水泡，每天数次，只为了接下来要抄书。

一个人喜欢书喜欢到这个地步，也真是太难得了。不说抄着累，冬天手冻裂了，在疼痛难忍的情况下依然保持这种习惯，就真的是难能可贵了。这个故事被记录在《明史·张溥传》里。

现在，给家长和孩子们一个任务：给自己的书房或者书柜起一个有趣的名字。我们家没有书房，然而我的女儿依然给自己的书桌起了一个名字，叫作"虫虫书桌"。当我问她为什么起这么一个名字的时候，她说，我就是一条书虫，每天都在这里读书写字，所以这个地方是虫子出没的地方，虫子是我，我的书是虫子的书，所以这里叫"虫虫书桌"。而后，她还有一本小册子，是她的习作本，也叫《虫虫书文集》。她每次说我去虫虫书桌写作业！现在想起来，真的是非常珍贵的回忆，无论是她，还是我。那么你们开始商量如何取名吧。

（家长孩子商量。）

师：今天晚上回家后，家长和孩子们把自己共同想出来的书桌名字打印出来，制作好挂在书桌上。那么，谁来分享一下？

生1：竹猪书桌。

生2：芳华桌。

生3：懒人桌。

师：同学们都太棒了。我们要把看书阅读当作最舒服的一种享受，心胸放宽地进行，将会达到事半功倍的效果。

我和我的女儿是狂热的阅读爱好者，每天晚上会抽一个小时时间共同阅读。每个周末在图书馆或书城里读书，从中午一直到晚上书城打烊，一年四季雷打不动。有时我写文章需要查资料，两人便相约去图书馆。早上八点钟排队，九点钟才能排上队，所以我们只能去中心书城，或者去附近书吧，她这种阅读方式就是在书城或书吧里面养成的。在座的家长们，我是老师，有这样的时间带孩子去图书馆或书城。而你们，则需要花时间找到让孩子们喜欢写作业的地方，让他起一个喜欢的名字，习惯了这个名字以后，孩子们会非常喜欢。

亲子阅读的第二步，就是要随时随地让孩子提笔戏作。我说的是"戏作"。没错，我们不要让孩子们觉得写文章是一件很重要、很艰难的事情，还要让孩子觉得写文章不是写给别人的，而是写给能够欣赏自己的人看的。一旦他们觉得文章是写给老师的，那就麻烦了。我跟我女儿说，当你提笔写文章的时候，要记得是给自己写的。还要记得：你下笔的时候应该是最美丽的绽放，所以她的文字流畅。

我曾经给女儿讲过这么一个故事。苏轼曾在黄州东坡这个地方待了一段时间，他喜欢这个地方，给自己起了个号：东坡。有一天，他喝醉了，然而即使是喝醉酒也要回家呀。于是，在明月当空之下，他骑着马要回家，因为实在醉得太厉害了，便下马就地一躺，枕着胳膊睡着了——想来也是，咱们不能醉驾嘛。时至半夜，醉酒的东坡半梦半醒中，睁开了眼睛。此时的他惊奇地发现，眼前的景色乱山攒拥，流水锵然，竟然美不胜收。他有一刹那怀疑那不是在尘世中，而是身处仙境。当下诗意大发的他，拿起随身的毛笔，就在桥柱下面提笔写下了《西江月》。

当我讲完这个故事以后，我跟她说：孩子，一旦有灵感，无论何时何地都要拿起笔写下来。即使是大文豪苏轼，也是这么做的。再后来我又给她讲另一个故事：魏晋南北朝时，有一位洛阳才子，名叫左思。用现在的话来说，他是一名作家。然而左思这人长得实在是丑陋，而魏晋南北朝都流行阴柔的美男子。因此，在那个时候他实在是太吃没有颜值的亏了。然而即使他丑，却也不妨碍他文笔出众。为了弥补外形的缺陷，他开始创作。有时坐在马桶上，灵感一来他就提笔而写；有时正在吃饭，有灵感了也拿起笔就写。最后，他写了一部影响深远的巨著——《三都赋》。

故事讲到这，让我想起了我在最疯狂写作的时候，有时到凌晨两点钟都睡不着。那时候，常常躺在床上思考，一有灵感，马上爬起来拿起笔写。所以，往往是随时随地写作的人，总有写不完的东西。因为我认为写文章是写给自己的。所以各位家长，作文是一件很主观的事情，并不是所有人都会喜欢自己的文章的。因此会出现你觉得自己的孩子文章写得很好，而老师却有其他想法的现象。作为家长，我们应该给孩子更多的鼓励，要经常表扬他写文章的某一句话，或者表扬他这篇文章角度独特，再或者表扬他及时用了某个刚学过的成语。如果家长总说孩子文章写得不好，那么他就真的会一直写不好。

家长的眼光要放得更长远一些。这就让我想起我认识的一位作家曾经跟我说过的一句话，让我记忆深刻并一直把它当作自己写作的鼓励语。他说：作家是这个世界上，唯一一个不用在专业院校里进行专业学习就能存在的一项工作。言下之意就是：只要你勤读书，勤写作，就能成为作家。家长们：如果老师今天说某个学生的文章写得不好，你一定要帮他找到文章中可以表扬的地方，千万不要打击他，如果一直不给他自信，孩子就永远不会喜欢写作文。

　　说回我的亲身经历：我的女儿从一年级一直到高三，我轻易不会表达我不喜欢她的某一篇文章。为了让她保持对文章的热爱、对文字的狂热，对她写的每一篇文章我都予以不同程度的赞美。即使老师给的分数不尽人意，我们也一起欣赏她的某一段话或某一种写法。于是，她对文学的热爱、对作文的自信就此培养了起来。有一天，她写了一篇自认为非常棒的文章，因为她尝试了另外一种写法。然而分数出来后，却比想象中低了好多分，她很伤心。然而我却没觉得写得不好，于是我跟她说："孩子，其实不是每一个人都会有同样的审美观的，包括欣赏文章在内，每个人都有自己的观点。你的老师可能对这种写法不喜欢，但妈妈却挺喜欢这篇文章，因为你的大胆尝试，因为你的勇于创新，因为你的笔耕不辍。你知道吗？妈妈虽然写了四本书，但却不是每个人都觉得我写得很好。然而，即使只有一个人喜欢其中一本书就行了。最重要的是：我在写作的过程中是享受的，是喜欢的，当我一一写出来的时候，我是把纸当作了自己的朋友，和它吐露心声。至于读者，若是与我产生共鸣的，定也是我吐露心声的对象；若是没有感觉甚至是觉得我写得差的，那也没关系，他只是不懂我而已。"

　　在孩子写作的过程中，平时我会跟她说：要多观察你身边的同学，因为一些细小的事情都可以写进文章，而正是这样的文章才能出彩，因为你写出了别人看不到却确实存在的事情。当你把这些小事情写出来时，读者会觉得：这个作者好神奇呀，竟然把我想说的都写出来了。

　　家长们，如果说孩子们依然不知道写什么，你可以让他们写一段闲话，就这一段话慢慢地打磨。紧接着，写两段文字，告诉他们写两段以上的文字，结构很重要。找到一篇文章来帮他们分析——写一件事情，第一段写什么，第二段写什么，第三段写什么。但是请注意，即使是他们写得很普通，也千万不能打击他们，让他们爱上写作的唯一办法就是鼓励。

　　但是，作为家长一定要学会帮助孩子选择书籍。我这里有一个真实的案例。我有一个学生非常优秀，然而在高中的时候，他突然辍学了。某天，女儿和我探讨这类辍学事件时，她说他为什么会这样，就是因为他看科幻小说看多了。那天我去他家做客，发现他们家一个书柜里全都是《兽王》以及各种玄幻小说。女儿说得没错，这孩子已经完全沉迷进玄幻小说里了。女儿说，这类玄幻小说有一个明显的特点，那就是书里的主角一开始都特别无能，满身缺点，然而只要遇见困难，就如虎添翼般地迎刃而解。为什么这么多孩子喜欢看这类小说，就是因为他们都希望不用付出努力就可以达到目的。

孩子们看这样的书，一开始其实是没什么明显的坏处的，然而到了青春期高峰期之时，这种潜在的危机就会爆发出来。所以在座的各位家长一定要在他们小的时候，引导他们阅读高雅文学，让他们读一些著名作家的书籍。再不能让孩子们看一些虚幻的书籍；这些书籍他们只看情节，而不能理解里面的东西；但是，最好是阅读适合他的年龄段的书籍。我曾经在女儿小学六年级的时候，推荐她阅读《乱世佳人》。结果女儿说，这是什么小说呀，就写一个人结婚后再离婚，离婚后再结婚。年幼的她完全没看懂小说里面人物那坚忍不拔的强大内心，后来她在高中时再看便完全能理解了。

再给大家一条建议：为孩子建立展示作品的平台。

这时，我不得我介绍一下我的写作过程了：我是在20世纪90年代进入写作队伍去的。那时候，网络刚刚兴起。进入到90年代末到2000年时，流行网络论坛，一种新兴行业进入人们的视线，那就是网络写作。文学论坛造就了一大群网络作家，很多文学爱好者便有展示作品的平台。这群人里，包括我。于是乎我在几个论坛里注册了，开始把自己写的文章放上去。每天我都会迫不及待地打开电脑，打开自己发的那篇帖子，看看是否有人在后面评论，随便读一下别人的文章，再给别人评价——这其实也是一种阅读和学习的过程。过几天，觉得评价的人也就差不多了，自己再开始写下一篇文章。可以想象，每天都有一群人在网络上读着你的文章，无论写得是好是坏都在后面评论，当然他会有批评，但更多的是捧你。你们知道吗，我当时疯狂地沉迷于网络的时候，每天写一篇，所以我写成三本书。正是因为有这样的展示平台，才让我有动力写作，最后才有那么多的东西积累下来——所以说游戏写作，一开始我只是为了玩乐才开始写作的。然而如果一个人写了很多文章，却没有地方展示，他会越写越没意思：就好比锦衣夜行，大晚上穿的漂漂亮亮地出门却没人为他欢呼叫好，便会觉得很无趣。所以写作后要有一个展示文章的平台。现在好了，有微信，有微博，还有博客。

（展示PPT）

大家看一下，这是我女儿写的文章，我把她放在了我的公众号上。我的朋友和同事都看到了，我甚至跟我朋友说写一句话表扬表扬我女儿。每次发完我就给她看，我说你瞧，老师都表扬了你。她表面上看着无所谓，但等我久不让她给我文章进行公众号推送的时候，她就忍不住问我要不要写点什么放在公众号上了。有一次，我要出版一本书——《古代家训与现代家风》，得请一个人帮忙写序。原本有一位省级的德育专家答应了，然而当他读了书稿后说：整本书都是你在教育你女儿时的故事，满满的都是你女儿的痕迹，为什么不让她来写？我一想，这真不失为一个极佳的主意。女儿不只答应了，还写出了一篇高水平的散文。某天，她把这篇散文在学校的一个活动上读了出来，让他们学校的校刊负责老师听到了，特别欣赏这篇文章，跟她约稿，要放在校刊上。于是她收到了人生当中第一笔稿费。

所以家长可以自己建立一个公众号，或者孩子写完后，你发在自己的微信或者微博上，悄悄地跟你的朋友们说让他们给点评论，给孩子适当的鼓励。

家长们，我希望每周七天时间，你们起码有一天时间能够带着孩子们去图书馆或者中心书城阅读。能做到的家长给我举个手，谢谢家长们。让我们一起，每天花一点点时间，与孩子坐下来共同阅读，在培养孩子的过程中塑造自己，在孩子成长的过程中成就自己。

谢谢大家。

结语：这是一篇课堂实录，是家长与孩子共同参与的一堂亲子阅读课。在课堂里一直贯穿其中的主线，就是共同阅读。因为只有家庭养成阅读氛围，孩子才能更喜欢阅读。当阅读成为家庭的规则，亲子阅读就成为最有效的亲子陪伴路径。

亲子共读之绘本阅读策略指导

赵闽楠

随着时代的发展，越来越多的家长认识到阅读在孩子成长过程中的重要性。并且认为，在家庭中开展亲子共读不仅能够帮助儿童发展语言和读写能力，促进儿童认知、社会情绪的发展，同时有利于亲子关系的建立。因此，如何有效陪伴孩子阅读成为许多家长思考的问题。

在低年级阶段，由于孩子识字数量有限，注意力很难长时间集中等特点，绘本阅读就成为亲子共读中比较好的选择。根据研究，孩子在听故事时，若有图片辅助，理解力就可以提高2倍以上，绘本因而成为讲故事或亲子共读的最佳读物。父母将孩子抱在怀里，拿起绘本，孩子看着图画，听父母朗读一个个故事；或者，看着绘本上的一张张图画，孩子就能自己拿着书本，徜徉在想象的国度里。因此，绘本成为培养阅读兴趣与习惯的重要媒介。但是面对浩如烟海的绘本资源，我们该怎样为孩子挑选？面对一本本精妙的绘本，又该怎样和孩子一起进行绘本阅读呢？你做对了吗？

一、挑选合适的绘本

绘本的选择符合孩子的年龄特点，挑选适合孩子的绘本。给幼儿看的绘本，在图画风格上多以可爱、有趣和卡通化造型为主，以亲近孩子；随着孩子年龄的增长，这种画风就略显幼稚，因此可以选择写实风格或对呈现现实生活的绘本，以与更高年龄阶段的读者相适应。我们在挑选绘本时，应当注意绘本的整体内容和画风要适合孩子的年龄特点，给大孩子看过于简单的绘本，会让他们感觉幼稚，提不起阅读的兴趣。同样，给低龄孩子看意义过于深奥的绘本，他们也很难理解其中的奥妙。

二、避免过于功利化

很多家长将阅读视为一个识字的过程。一本书读下来孩子认识了一些新的字词才是有所收获，而忽略了绘本丰富的人文性。为了适应不同年龄层读者的需要，绘本题材多元而丰富，无论是普及科学概念，还是品格培养、美感训练、生命教育、自我认同、人际关系、环保意识，甚至是婚姻和两性话题等，都可以找到相关题材的绘本，通过绘本图文搭配的生动呈现，启发探索和学习的乐趣，让读者在绘本中发现新世界。例如，绘本《搬过来搬过去》讲述长颈鹿和鳄鱼相爱了，但是他们在共同的生活中出现了很多的矛盾，该怎么办呢？最后长颈鹿和鳄鱼一起想办法解决了问题。这本有趣的绘本故事就涉及了婚姻问题，可以让孩子们意识到：人和人之间是不同的，我们应该满怀包容之心，共同解决问题，这样才能更好地相处。

三、读绘本 ≠ 读故事

在亲子阅读中，很多家长将故事讲完就完成了任务。但是，绘本中除了故事本身，还有很多精妙的设计与隐藏的信息，都藏于图画、封面、封底等。日本著名绘本作家松居直曾经说过："绘本中的图画有不可替代性，只是文字配上图原则上只是带插图的书；如果这本书孩子可以从图画本身读到很多内容，然后配上文字，这种书一般称为图画书，也叫绘本。"家长们可以回忆一下，跟孩子一起读绘本时，是不是单单专注于文字故事本身，全文朗读就完了？如果是这样的话，那就与绘本真正的精妙之处失之交臂了。那么该如何和孩子一起进行绘本阅读呢？主要有以下几个方法。

（一）读封面

我们可以引导孩子发现封面，作者、译者、出版社、主人翁。猜想故事，引起孩子的好奇心，使阅读弥漫着想象的色彩。封面是绘本的开篇，给予我们对绘本的第一印象，同时反映出整本书的内容和风格特点。有的封面图以绘本中最核心的一幅图作为封面主体，有的还会专门设计。

（二）读环衬和扉页

环衬是封面与书芯之间的衬纸，我们一翻开封面就会看到的那一页。它不但与正文故事息息相关，有时也会提升主题。即使只有颜色，也能暗示和渲染绘本的情感氛围。

扉页不仅是通向故事的一扇门，还包含着丰富的信息。扉页上的图一般会提示我们故事的主人公、中心场景或故事的发生地点。有些绘本的故事从扉页就开始了。

（三）读故事

故事是绘本的重头戏。一个好的绘本，一定离不开一个好的故事。每一个孩子都是读绘本的天才，他能发现书中隐藏的"神秘"，他能读出成人料想不到的意思。读故事的时候，家长应尊重孩子的不同感受，积极鼓励孩子边发现、边猜想故事，鼓励他融入故事中去，在想象空间大的地方可以先让孩子想象、发现和创造故事。就像培利·诺德曼说的："图画书的乐趣不仅在于所述说的故事，同时也是找出故事的游戏。"

（四）读插图

一本优秀的绘本不只是具象的呈现图画，绘本创作者常以丰富的图像信息来传递思想和用意。如果读者在阅读绘本时，可以从对图像的感知展开想象和思考，结合生活经验，召唤相关的思维来响应图像信息，阅读就能由内而外地发展成心智活动，并将具体的图像转化为特定的意象，理解作者传递的思想，掌握主旨和意义。因此，我们在进行绘本共读时，一定不要忽略占据绘本很大空间的图画。通过对图画的理解，可以使孩子更好地理解故事所传达出来的抽象概念，掌握更多的信息，建构意义，精准获取作者的思想和用意。

（五）读封底

如果说封面会唤起阅读的期待，封底则伴随着满足的感叹或者意犹未尽的余兴。许多绘本，把故事的结尾延续到封底上，与封面相呼应，需要和封面连在一起欣赏讨论。家长们在给孩子读故事的时候，可千万别忘了合上书，翻过来，对封底的画面和文字进行充分阅读，印证前面阅读的猜想和印象，引发重新阅读和继续阅读的愿望。

四、与孩子进行讨论

合上书本，趁着余温未消，和孩子一起来讨论一下对这本书的感受，最喜欢的人物，最喜欢的情节；或者和孩子一起改编一下故事的不同结局；甚至和孩子一起进行表演，将绘本的故事演绎出来等，都可以很好地和孩子进行互动和思想交流，让孩子进一步理解并内化故事的内容和寓意，提高孩子的阅读能力，达到亲子阅读的最终目的。

结语：你或许拥有无限的财富，一箱箱珠宝与一柜柜的黄金。但你永远不会比我富有，我有一位读书给我听的妈妈。

思维导图，让亲子阅读"看得见"

冷小庆

近年来，亲子阅读渐渐走进千家万户，成为家庭教育的热门词汇。再累再忙也要陪孩子读书，很多家长都有这样的共识。可是尽管家中藏书种类多，亲子阅读时常有，可是孩子读过的书如过眼云烟，倒是"陪读"父母增长了知识，亲子阅读似乎做了无用功。特别是语文部编版教材对阅读能力提出了更高的要求，这更加重了家长的阅读焦虑。怎样让孩子走向深度阅读？其实深度阅读离不开精读，而精读的正确打开方式就是思维导图。

一、可视化的思维

20世纪70年代，英国著名心理学家托尼·巴赞在研究人类学习本质的过程中，提出了关于思维导图的初步设想。一般而言，思维导图常常有一个中心，由这个中心向四周发散，利用线条、文字、色彩、图像和符号等，将图形和文字结合起来，以帮助梳理知识结构和内化知识体系。

思维导图被称为一场思维的革命。倘若将它运用到亲子阅读中，不仅可以帮助孩子把握整本书的内容，促进孩子对所读书目进行再思考，形成自己对书籍的认识；而且能够协调左右脑的开发，对培养孩子的发散思维、逻辑思维、归纳整理能力都有所裨益。

二、适合儿童的思维导图

思维导图以图画的形式将大脑中的抽象思维呈现在一张图纸上，在诸多思维训练方式中，其绘画性和色彩感容易吸引儿童的兴趣，激发儿童的动手能力和创造力。著名儿童作家梅子涵先生所言："越简单越持久，越复杂越短暂。"对于儿童而言，思维导图无须太过复杂，层层叠叠、纵横交错固然十分高级，却让孩子望而却步。线条清晰、简单高效、容易上手才是王道。适合儿童的思维导图有以下几种。

（一）圆圈图

圆圈图一般由两个圆圈组成，小圆圈是要表达的中心主题，外围大圆圈用来描述中心事物的分类、特征和细节（见图1）。这种思维导图简单易学，几乎所有的阅读活动都可以用到圆圈图，特别是当我们带着孩子认识事物概念和基本类型时，如天气的类型、古诗的分类、宇宙的特点、家庭成员的描述。

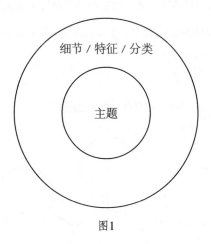

图1

以绘本《我妈妈》为例，可以通过圆圈图来整理妈妈的特点，更高级的做法是让孩子用圆圈图为家庭成员建立档案，联系生活培养语言能力，才能让亲子阅读落到实处（见图2）。

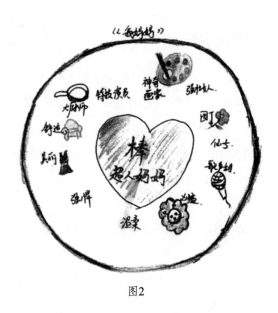

图2

　　圆圈图还可以用来玩益智猜谜游戏，如在小圆圈中写上交通工具，让孩子在大圆圈中填写联想到的工具；在大圆圈中画上粽子、小舟、艾叶、香包，让孩子猜测是哪个节日。简简单单的"甜甜圈"真是无所不能！

（二）气泡图

气泡图分为简单气泡（见图3）和双重气泡（见图4）。

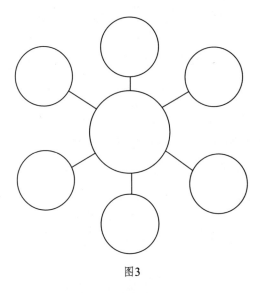

图3

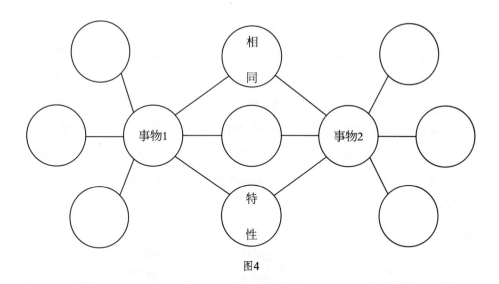

图4

　　气泡图比圆圈图更精致一些，由中心出发的每个小气泡都代表中心事物一类特征或总结归纳，更侧重发展孩子在整理信息的过程中比较、分类和总结的能力。简单的气泡图适用于描述某个事物的特点和概念，而双重气泡图适用于对比两者的异同。如阅读完绘本《我妈妈》，在写出妈妈特点的基础上，对不同的特点标记不同的颜色。经常使用气泡图，久而久之孩子的分类归纳能力会渐渐提高（见图5）。

图5

（三）鱼骨图

随着孩子慢慢长大，可以挑战稍有逻辑性的鱼骨图。把主要观点或者事物放在鱼头部分，把其他内容放在鱼骨部分。鱼骨图简单易操作，在亲子阅读中很适合用来锻炼孩子总结论点的能力。这种方法适用于发现问题、分析原因，适合对较短篇幅的文章进行整理。读完一篇说明文或者短篇文章，让小朋友把作者的主要观点写在大鱼头上，其他细枝末节的依据写在鱼骨头上。比如读完丰子恺先生的散文《白鹅》，文章从叫声、步态、吃相刻画了白鹅的高傲形象，运用反语表达对白鹅的喜爱之情，我们可以据此制作简易鱼骨图（见图6）。

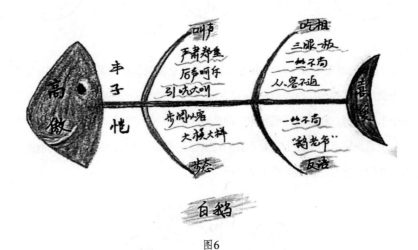

图6

（四）树状图

树状图就像一棵树，一般由树根、枝干和树叶组成，树根就是主题中心，而对这个中心事物的分类，就像树干一样向四周延展，在枝枝干干的延展中就体现了制作者的逻辑思维，而树叶就是对这些分类的具体描述（见图7）。树状图比较其他的思维导图稍显复杂，正因为其复杂、烦琐，更适合有一定基础或者中高年级小朋友锻炼思维。这种方式适合整本书阅读，能帮助孩子梳理整本书的内容和要点，在头脑中形成全书脉络。以《大象的耳朵》为例，可以绘制如下思维导图（见图8）。

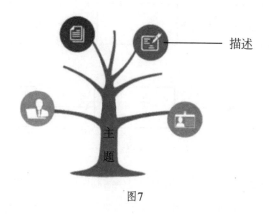

图7

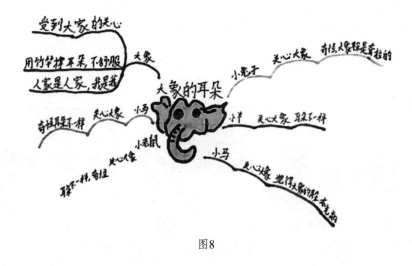

图8

（五）流程图

　　流程图常常以时间或地点为线索，按照先后顺序整理事物的发展脉络，帮助孩子理清事物的变化过程以及内在逻辑。流程图在生活中十分常见，如洗手间张贴的洗手步骤、校园内张贴的系红领巾步骤图、景区的游览路线示意图等（见图9）。

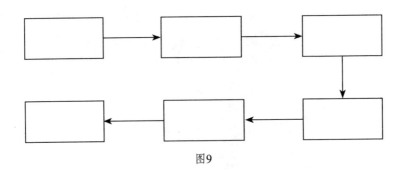

图9

生活中，我们可以引导孩子把一天的学习生活制作成一目了然的流程图（见图10），帮助孩子有序生活、合理规划。外出游玩前可以让孩子用流程图的方式规划此次旅行，旅行结束后和孩子用流程图定格心中的美景，根据流程图来回忆这段旅行的点点滴滴，孩子在复述旅行的过程中学习了有序表达。阅读时遇到时间线索明确或地点变换明显的书籍，可以引导孩子使用流程图。

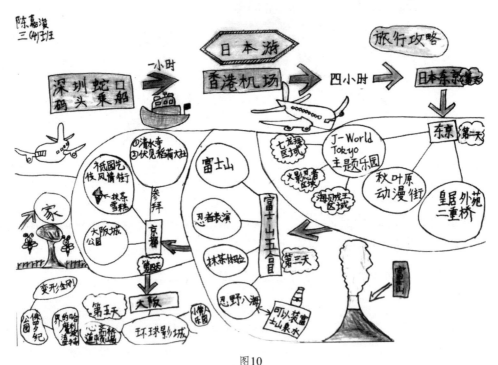

图10

三、思维导图的快速修炼手册

如何引导孩子制作思维导图呢？简单的"四部曲"就能让家长们掌握基本方法，以《海底两万里》为例。

（一）提取关键词，确定中心

中心主题的提取有很多角度，一本书有很多方面可以作为主题词。比如，小说中的主要人物、关键事件、和故事发展关系密切的物体、主旨或作者想传达的情感。比较直接的做法是选择书名作为中心主题，绘于纸张的中间（见图11）。

图11

说明：《海底两万里》的思维导图以潜艇图案为背景，书名作为中心主题，孩子对整本书的印象以及从中感受到的人物精神用四个简单的词语概括。

（二）搭建框架，确定主干

搭建框架是思维导图的关键，也是发散思维的体现。思维导图的质量就取决于发散思维的能力。不同角度选取的中心主题，发散路径也是不尽相同的。

以人为中心主题，就是从与"人"相关的背景、外貌、性格、特点、事件、品质等角度发散思维，整理这些内容可以形成对人物深层、全面的认识。

以事件为中心主题，需要引导孩子从事情发生的背景—时间—地点—相关人物—起因—经过—结果等要素思考，还可以加上事情的影响和自己的感受启示。

从物入手就要引导孩子把围绕物体发生的事件、相关人物以及对人们的意义概括出来。

从情感入手，要引导孩子按照人物—事件—品质的思路发散思维，从人物在事件中反映的品质，体会作品的深意，感受人格的魅力（见图12）。

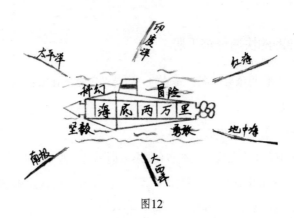

图12

说明：这本书的目录以地点为章节，所以以地点转移的思路来搭建框架比较简单，从左上角"太平洋"出发，按照顺时针方向呈现路线，最终到达"南极"。

此外，按照图书的章节来搭建框架也是不错的方法。

（三）绘制分支

在已经搭建好的框架基础上，提取与之相关的信息和内容简要概括，书写在分支上（见图13）。

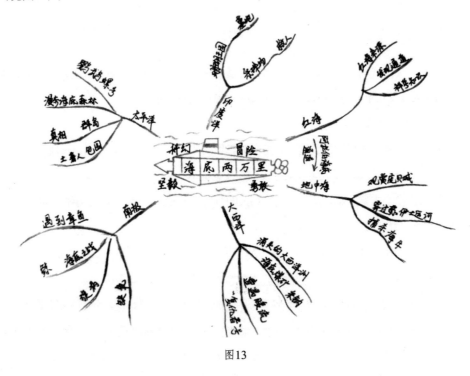

图13

说明：用几个词语概括在每个海域发生的重要事件，书写在分支上。

（四）完善整图

绘图初步完成后，需要对思维导图进行美化加工。为体现思维导图的层级感，一般由内向外将线条由粗到细上色；在各级关键词旁边添加自己联想的文字或图案，这样一张思维导图就完成了（见图14）。

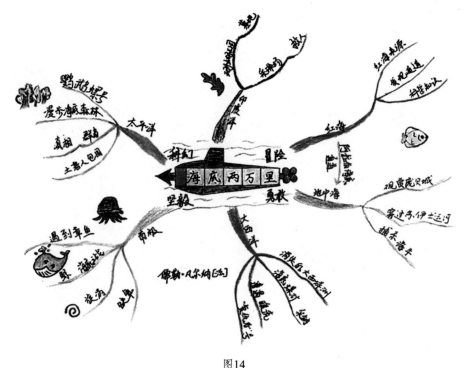

图14

说明：在初步绘制完思维导图的基础上，再对思维导图进行美化。如我们用彩铅把一级分支"红海"涂上粗的线条，再将由"红海"发散的二级分支涂上细的线条。此外，我们还可以将由文字想象的图案简单画在旁边，如"旋涡"旁画上一个旋涡，这样我们的思维导图就更能直观地反映孩子的读书情况。

思维导图有丰富多样的形式，家长们不用拘泥于形式上的相似，只要能帮助孩子进行有逻辑的思考就是好的思维导图。在制作过程中多问问孩子"为什么要用这个颜色""为什么这几个词语要放在一起"；当制作完成后，父母和孩子可以就眼前的思维导图复述故事的内容、事情的发展，谈谈彼此对书的认识。不要忽视沟通的环节，这是孩子价值观和思考能力的形成过程。

以思维导图的方式打开亲子阅读，是一个把整本书读薄的过程；而借助思维导图进行发散思维训练，又是一个把思维"加厚"的过程。张弛之间，自有天地。

结语：跳跃的思维能够把人带往远方，经常和思维做游戏的孩子，才可能拥有最强大脑。

让亲子阅读，有技可施

李巧云

苏霍姆林斯基指出："所有那些有教养、品行端正、值得信赖的年轻人，他们大多出自对书籍有着热忱的爱心的家庭。"吉姆·崔利斯《朗读手册》上也引用过这样一段话："你或许拥有无限的财富，一箱箱珠宝与一柜柜的黄金。但你永远不会比我富有，我有一位读书给我听的妈妈。"史斯克兰·吉利兰用诗一样的语言告诉我们"亲子阅读"在学生课外阅读中所起到的重要作用。然而，笔者通过对学校部分家长进行问卷调查发现，目前在"亲子阅读"方面依然存在着一些普遍的问题：如亲子阅读理解不到位，认为亲子阅读止步在上小学；阅读环境营造不到位；阅读材料选择、阅读时间以及阅读方法指导不到位。

以上提到的五个不到位，有些是简单易懂的，笔者在此便不加以赘述，主要对阅读材料和阅读时间的不到位进行阐述。所谓的阅读材料选择不到位，是指不少家长在为孩子准备阅读材料时，带有很大的盲目性和主观性。据调查，70%以上的家长只是凭自己的喜好和判断为孩子选书，较少考虑到孩子的需求和意愿，而且在为孩子选择图书时更多的是从智力开发、辅助学习、提高习作及理解能力等方面的需要考虑，范围较窄，这种工具书一般不符合小孩子的口味，自然就无法吸引他们与书交朋友了。

阅读时间的不到位，顾名思义，就是对阅读时间的一个量化标准。那要读多少才算够呢？我们先来看看小学阅读量的要求。新课标要求小学阶段课外阅读总量不少于300万字，不同年级的阅读量要求也不同小学生阅读数量，具体要求见表1。

表1

年级	学期阅读量 （合格标准）	学期阅读量 （优秀标准）	每天阅读量不少于
一年级	2万字	4万字	150字
二年级	3万字	6万字	250字
三年级	20万字	40万字	1500字
四年级	25万字	50万字	2000字
五年级	45万字	90万字	3500字
六年级	55万字	110万字	4500字

如今，随着经济的发展、家庭收入的增加，再加上优生优育的方针，每个父母都不希望孩子输在起跑线上，从而导致父母对孩子的教育投资也在不断提高，在孩子的课余时间，给孩子报形形色色的兴趣班、补习班、培优班，把课余时间塞得满满的。每天留给学生和家长一起进行阅读的时间就更少了，有些甚至没有。还有家长说："孩子作业太多了，每天写完作业都10点了，根本没有时间阅读。"除了学生的时间外，家长的时间也是不得不考虑的，有些家长工作繁忙，每天晚上回到家时孩子都已经睡着了。在电视、电子游戏和网络构筑的声光世界中，我们的孩子与书本的距离越来越远。调查发现，每天能保证有15～20分钟的时间与孩子共同阅读的家庭不足10%。这与上文提到的小学生阅读量的要求相差甚远。

既然阅读那么重要，我们家长就要把阅读与关注成绩放在同等位置去考量。《左传》中写道："爱子，教之以义方。"这句话从正面强调爱护孩子，应该以正确的方式给他们正能量，教给他们为人处事的正道。让孩子养成阅读习惯，最好的方法便是"以身示范"，家长做人做事率先垂范，以身教带言传，以身教树榜样，让孩子们在潜移默化中自然养成良好的习惯、优秀的品德。所以，亲子阅读便是最好的"以身示范"。

对策寻求：让亲子阅读成为一种习惯

对策之一：合理引导，形成共识

（一）建立家庭小小图书馆

著名作家博尔赫斯曾说过："我总是想象天堂将如同图书馆一般。"家长应为孩子建构一个小窝，一个阅读的天堂，为孩子创设舒适惬意而又童趣化的阅读环境，以吸引孩子进行阅读。在家中选一个光线充足的房间或角落，放置一张书桌，准备一个小书架，地面可以铺设一块卡通图案的地毯，孩子可以随意选取自己喜爱的书籍，坐在松软的地毯上或是书桌前放松自在地去阅读。墙壁上可用孩子与父母共同制作的装饰物进行美化，书本可以或开或合地放置其中，使整个小窝充满休闲和趣味的感觉。相信家中如果有这样一个书吧似的空间，孩子一定会有在其中阅读的欲望。

（二）共同选择合适的书目

有了好的环境，还需要可以激发兴趣的、足够的好书。教师和家长应该对孩子的读物进行内容和形式上的双重把关。教育家伊拉斯谟说："孩子最初阅读和吸收哪一类书籍是十分重要的。不正经的谈话毁坏心灵，不正经的书籍毁坏心灵的程度并不比它差。"家庭藏书应立足"有趣"和"实用"。一般来说，低年级的学生可以选择能够引起他们共鸣、唤起热情向往和兴趣的书，如童话、神话、民间故事、优秀的卡通和漫画。中高年级的学生选择的面会广一些，随着身心的发展，他们可以理解感情更细腻、内蕴更厚重些的书籍，可读的书籍应向文学名著、科普读物、科幻侦探等类型靠拢。要确保家里有各种书籍、儿童杂志和报纸，并保证足够的数量。

为了让孩子们能看更多的书，我们学校还实施了"读书漂流"的活动，各个班根据年龄要求，统一购买不同的书目，一个月漂流一次，让孩子们有目的、有意识地去读书。

（三）确定固定的阅读时间

一个人无论做什么事，坚持都是最为重要的决定因素之一。阅读也应该这样，有相对固定的阅读时间，从而形成相对稳定的阅读习惯。常常有家长抱怨"没时间"，这是一个很现实的问题。但是为了孩子，我们还是与家长进行沟通，让他们努力挤时间，指导孩子学会利用零碎的时间，如早晨、中午、入睡前，5分钟、10分钟都可以。选择固定时间进行阅读，培养孩子的阅读习惯。美国教育家霍勒斯曼说："假如每天你能有15分钟阅读的时间，一年后你就可以感到它的效果。"

对策之二：兴趣入手，教给方法

（一）亲子听读

在西方，为孩子大声读书是一种文化传统。在中国，为孩子说故事是一种传统，大声读诗文经典是另一种传统，但两者从没有融合在一起。即使在今天，乐意并习惯为孩子朗读文学作品的家长，仍然为数不多。日本著名的图画书之父松居直，在泰国一所大学演讲时，被问及这样一个问题：怎样使儿童喜欢书——是靠文字呢，还是靠画？松居直的回答是：靠耳朵。我们著名的儿童文学家梅子涵先生说："图画书是拯救儿童阅读的书。"所以，对于小一点儿的孩子，我们可以从图画书开始，从亲子听读开始，让孩子踏上亲子阅读的旅程。

（二）亲子共读

当孩子一天一天长大，他们认识了更多的字，有了一定的理解能力，这时，家长可以和孩子亲子共读。这个过程并不是单纯的"读"的过程，也不是"大人—孩子"的单项指导过程，而是"阅读—讨论—思考—再阅读—再讨论—再思考……"。其中，"讨论"是"亲子共读"中训练孩子学着理解问题、阐述观点、提高听说能力的重要途径。家长在培养孩子良好的阅读习惯的过程中，千万不要忽视榜样的作用。家长和孩子可以坐在一起，读同一本书；也可以坐在不同的地方，读不同的书。遇上好玩的段落，爸爸为妈妈读一段，妈妈为爸爸读一段，那种从阅读中获得的快乐，会很自然地传导给孩子，何愁孩子不爱上读书呢？

对策之三：搭建平台，展示风采

对策三是家校合作的途径。我们常常听一些家长说："老师，你多布置一点儿作业吧，我们家孩子不听我的，我让她多读一点儿书，多写一些练习题，孩子就说老师没让读。"我相信这种无奈并不在少数，所以，笔者认为，借助老师的力量，班级同班同学的氛围，一起阅读，是个事半功倍的好方法。

（一）填写亲子阅读记录卡

亲子共读，家长、学生可以根据老师的要求，与孩子共同填写"亲子阅读卡"，亲子阅读卡可以是文字，可以是图画，可以是照片……形式不拘，追求个性化的表现（见表2）。

表2　亲子阅读卡

读书时间	家长每天阅读时间：（　　）分钟。 孩子每天阅读时间：（　　）分钟。 每天有效共读时间：（　　）分钟。
共读收获	
精彩瞬间	亲子共读相片： 写上瞬间感受的话：好的习惯终身受益，阅读作为一种习惯，需要长期坚持，共同学习，共同进步。

（二）参与亲子阅读沙龙

与老师一起，鼓励孩子与年龄相仿、兴趣相投的家庭建立家庭读书会，共享图书资源，不定期地举办亲子读书活动，交流经验和方法。

在班级里，可以举行"家长进课堂"和"校外阅读沙龙"，让家长和孩子一同在某个时间给班里的其他孩子讲故事或是三五成群安安静静地读书。在讲故事中，激发与培养孩子的阅读兴趣。在活动中也会引导其他孩子与家长参与到此活动中来。

结语：亲子阅读适合所有年龄的孩子，它的本质在于分享阅读的快乐。家长应当鼓励孩子独立阅读，而亲子阅读正是培养孩子独立阅读习惯的良好方法之一。孩子的阅读，不只是在学校，更多的是在家里。培养孩子良好的生活与学习习惯，家长负有义不容辞的责任。亲子阅读，是一种学习手段，更是一种美丽的休闲方式。通过这种方式，家长应教会孩子如何热爱生活、享受生活。孩子的成长也是一本书，多一点儿心思、多一点儿投入，收获的其实不仅仅是孩子。

家书家信篇：
悟得了的绵绵长情

让家书弥补陪伴中的缺失

卢文广

我们不止一次提到，有效的亲子陪伴是家庭教育中一项重要的内容。然而，由于各种原因，很多父母没有时间陪伴孩子。过快的生活、工作节奏造成了亲子缺位、陪伴缺失。

那么，有没有一种方式，能在某种程度上弥补这种缺失呢？当然是有的。

中共中央办公厅、国务院办公厅在《关于实施中华优秀传统文化传承发展工程的意见》中指出："广泛开展文明家庭创建活动，挖掘和整理家训、家书文化，用优良的家风家教培育青少年"。意见中提及的家书，便是一种有效的亲子陪伴的载体。

"家书"一词最早见于西汉，但那时它不是指书信，而是指家藏之书。作为书信意义上的"家书"一词，最早见于三国。家书作为书信的一种，是私人书信中最普通的形式，它又被称作家信、家言、家讯、竹报、家报、寓函等。广义的家书除了家人、亲戚之间的通信外，还包括师友之间的通信，具体包括师生之间、同学之间、同僚之间以及其他朋友之间的通信。简言之，家书是亲朋好友之间互通信息和情感的书信。

现下，一些家书因为倡导家庭和睦、幸福、文明，注重言传身教、崇德向善而被广为宣传，为大家所熟知，如《曾国藩家书》《傅雷家书》《颜氏家训》《朱子家训》《郑氏家书》《庭训格言》《袁氏世范》等。家书作为独有的文体形式，不仅能传承我国优秀的传统历史文化，更能在父母与孩子之间架起一座沟通的桥梁。

　　随着信息化的发展，电话、微信等通信工具存在于我们的生活中，成为不可或缺的部分。很多时候，我们都习惯了这种便捷而忽略了文字与情感沉淀。如果父母能拿起笔来，将微信中的唠叨语音转化成纸上的叮咛，用家书那更具厚度、温度、思想和情感的沟通来代替碎片化言语的快捷沟通，这将会非常有效地弥补陪伴中的缺失。因为诸如情感、意志及信念，或许还有些只可意会不可言传的内容，需要我们静下心斟酌及慢慢分享。同时当我们回归本心，将自己心中最柔软细腻的部分用书信的方式完整表达时，会发现，原来那些深处的情感竟会随着文字倾泻而出，难以自抑。而当我们回过头来，那些用文字记录下来的趣味横生的片段、一句饱含深情的叮咛，哪怕是一声平淡的问候，都将如藏酒，醇香飘远。这些铭刻着家庭生活与情感的记忆，便是一个家庭的珍宝。

　　提起"家书"，或许很多家长觉得那是"高大上"的代名词，也觉得自身写不出满含哲理或是教育道理的语句，尤其原本就繁忙更无法静心写出真情实感。其实大可不必担心，家书，最能表现的是执笔者当下的真实经历和真情实感。即便只是出差途中些许闲暇的只言片语，即便没有书信的"规矩"和"语重心长"，它也是执笔者把当下的自己分享给家人，让家人仿佛与之在一起。比起那些不陪伴、不沟通的家庭来说，已然好了太多。再看看名家家书，除了经典名句，当中也不乏闲话家常。其实，这，才是家书该有的模样吧。

给卢妞妞的一封信

卢文广

亲爱的卢妞妞：

你好！

这是爸爸给你写的第一封信。

首先，爸爸要说对不起！因为早上没有好好跟你说话，对你发火了。爸爸做得不好，会努力改正，请你监督。

其次，爸爸要说三件事。

一、关于感恩

这一年，爸爸因为工作时间上的关系没有和你一起上学放学，为了方便爸爸，付妈妈帮我送你接你，她帮了我们很多。所以，我们要感恩，不仅是说说的那种。

二、关于遵守约定

答应别人的事，我们要做到。跟付妈妈约定好几点钟，我们只能早、不能晚，不能让别人等我们，这是礼貌。

三、关于时间管理

我们每天晚到是因为晚睡，不管是晚到还是晚睡，都是因为没好好利用时间，你现在上一年级了，不像上幼儿园时那样有那么多时间。你每天回到家要做的事情，妈妈在之前和你一起列过表：做（检查）作业、吃饭、洗澡、看书、记日记、跳绳、玩。这些事情我们要有计划地做，还要按计划好了的时间完成，不然的话，一件事耽误了时间，另外的事情就会被打乱，做事情的效果就会不好。你是个想把事情做好的孩子，每天不做完，你就不愿意睡觉，晚睡觉就会晚起了，影响第二天上学，这就叫作恶性循环。

以上，爸爸希望你能记在心上，并且，爸爸也愿意和你一起去完成好这些事情，只要你愿意，就没有什么困难的，你要加油哦！

致惠儿

蔡广丽

亲爱的女儿：

很早就想写封信给你，在你18岁即将上大学之际，提笔，聊表心意。你18岁了，好羡慕你拥有这样美好的青春；你18岁了，步入大学生涯，即将开始对梦想的追寻，开始对人生的丈量，即将离开温暖的家学习展翅飞翔。妈妈既高兴又不舍，千言万语都化作浓浓的祝福和祝愿！

时光荏苒，想起刚出生时你小手小脚的那小模样，再看到你长成现在的大姑娘，就有满满的成就感和感慨！你一直是个让人省心的好孩子，好像没怎么让爸爸妈妈操心就长大了！努力、聪明、善良、敏感、懂事，无论怎样，你一直都是父母的骄傲！

18岁，意味着你是一个独立的、完整的个体，你会渐渐脱离父母的管辖，开始长出丰满的羽翼，离开温暖的巢穴，对这个世界宣告："我，来了！"

该对18岁的你说些什么呢？叮咛和嘱咐？或者是人生的大道理？很多东西你都懂，但又怕你不懂。在这想到什么就跟你再多说几句吧！

首先，身体是一切的根本，要保持这份健康，就是要照顾好自己的饮食起居，吃好穿好，多运动，管理好自己的情绪，保持乐观豁达的心态，不要让父母担心。

其次，希望你懂得快乐的意义，从小到大，我们说得最多的就是希望你快乐。关于快乐的意义，龙应台在《亲爱的安德烈》里的一段话说得挺好："孩子，我要求你读书用功，不是因为我要你跟别人比成绩，而是，我希望你将来会拥有选择的权利，选择有意义、有时间的工作，而不是被迫谋生。当你的工作在你心中有意义，你就有成就感。当你的工作给你时间，不剥夺你的生活，你就有尊严。成就感和尊严，给你快乐。"现在的努力，就是为了以后能——放眼过去，都是自己喜欢的人和事。

再次，妈妈希望你要明白，努力要有方向。还记得高一你想学编导时的坚定吗？三年间的风雨无阻真的让妈妈佩服。虽然要读大学了，但不可放松，大学阶段才是真正成长的好时光，妈妈希望你把这宝贵的时光用来多读读书，多看看世界，多学习各方面的技能。有空多想想自己以后想要怎样的生活。一旦有了清晰的目标，就按你的方向不遗余力地努力吧。

然后，要明白：人生境遇，也有无法选择、不能如愿的时候。面对不顺心、不如意，要静下心来接纳它，既来之，则安之。但是只要有一丝丝的可能，就尽自己最大的努力去改变它，绝不能轻言放弃。

最后，要有自己的原则底线：你一直是个善良的孩子，善良是好品德，但是要有底线，要懂得保护自己。害人之心不可有，防人之心不可无。特别是女孩子，一定要自珍自爱，爱自己才能更好地爱别人。

亲爱的女儿，迎接你的是无限可期的光明未来，无论你以后飞得多高多远（飞得近点、低点也没关系），记得家是你永远的港湾，无论什么时候，父母永远等你回家！

祝我的女儿，以梦为马骋天下，华羽为服栖梧桐，坚韧为翼长空万里，付出甘之如饴，所得终归欢喜。

深深地爱着你！

给宝贝的一封信

熊艳丽

亲爱的宝贝：

今天早上妈妈醒得很早，看着你睡得很熟的样子，我不禁想起了还是婴儿时的你，那么可爱，那么无忧无虑，但是如果有人问我更喜欢什么时候的儿子，我一定会坚决而肯定地回答：我喜欢现在的儿子！我爱现在的你！

宝贝，昨天晚上妈妈做得真的很不对，很不对！虽然你在做作业上有点依赖我，速度也有点慢，但你毕竟是一个只有八岁的孩子呀，而妈妈却急躁冲动地对你大发脾气。无论是在你写作业时，还是写完作业洗澡时，妈妈为那时的自己感到很自责、很惭愧。到了晚上，看到你伤心地躺在床上哭泣的小身子时，那一刻妈妈彻底地知道自己做错了，对不起，儿子！真的很对不起你，宝贝！当你看到妈妈哭了的时候，你反而挂着泪珠反转过身来抱住我，帮我擦眼泪，还安慰我说："妈妈别哭，我原谅你了"。听到你懂事的话，我内疚得哭得更厉害了。昨晚你睡着以后眼眶还是湿润的，眼睛也是肿肿的。昨晚我也想了很久，我想我应该变回以前那个妈妈了。

亲爱的宝贝，我向你承诺：

（1）以后绝不会动不动对你发脾气了。

（2）每个月保证给你买上五本你爱看的书。

（3）耐心地陪伴着你长大，分担你的喜怒哀乐。

（4）不会拿你和别人比了。你就是你，是独一无二的你，是我唯一的儿子。

亲爱的宝贝，妈妈也希望你能成为这样的你：

（1）自信、善良、真诚。

（2）独立地做好每一件自己力所能及的事。

（3）在学校用心听老师上课，不懂就问。回家写作业，写得更认真、更快点。

（4）多运动，多吃青菜和水果。

亲爱的宝贝，妈妈为有一个你这样乖巧懂事的儿子感到骄傲和幸福！

写给甜甜和锦锦

田晓丽

亲爱的甜甜、锦锦：

你们好！因为外曾祖父生病，明天早上你们就要跟外婆回老家了，妈妈又把你们的行李仔细地检查了一遍，应该没什么遗漏，这才安心地坐下，摸摸你们的小额头，甜甜六岁，锦锦一岁零两个月，你们熟睡的样子真的像可爱的小天使，妈妈怎么都看不够！

从你们出生到现在，从来没有和妈妈分开过，我知道跟妈妈的分别会让你们有很多的不适应，妈妈心中也万分不舍，但妈妈不忍心看外婆每天焦急徘徊的身影，你们需要外婆的照顾，曾外祖父更需要外婆的陪伴，妈妈不想让外婆留下"子欲养而亲不待"的遗憾，所以只好决定让外婆带着你们回老家，这样虽然妈妈不能时刻陪伴你们，但外婆两头可以兼顾，也算两全。你们是纯真的孩童，无法理解什么是"儿行千里母担忧"，所以我们就来想想该怎样安排彼此不在身边的日子吧。

其实，虽然柔肠百转不舍你们，但这短暂的分别竟让妈妈有些许期待，因为自从成为你们的妈妈，我每天最重要的事情就是陪伴你们，吃喝拉撒、游戏玩耍，妈妈几乎没有时间做任何自己想做的事，这下我终于拥有短暂的一个月，可以好好地安排自己的生活了，怎能不让人欣喜呢？妈妈其实很喜欢运动，健康的身体是一个人最大的资本，所以妈妈已经迫不及待地做起了健身规划，从明天起就要动起来！你们两个都很喜欢听故事，每次去书城都要让妈妈讲个不停，其实妈妈也很喜欢阅读，读书能让我们更智慧地看待世界，你们瞧，在书柜的最上面，放着很多妈妈零碎买的喜欢的书，但大都没来得及拆封，这下可以看个够了！希望再与你们相见时，妈妈可以成为一个更好的妈妈。阅读和旅行，总要有一个在路上，妈妈已经很久没有去旅行了，妈妈也有一颗想要去看世界的心，我要抓住这难得的自由时光，找一个面朝大海春暖花开的院子，和爸爸一起聊聊天、发发呆、唱唱歌，想想都让人激动。妈妈很久没见好朋友了，也很想念他们，我可以约他们见面了，妈妈希望你们回老家也要多交些朋友，很多笑声是友谊唤起的，很多眼泪是友谊擦干的，如果你们遇到好的朋友，一定要好好珍惜。你们一定很惊讶，原来妈妈一个人的时候有这么多的事情做！是的，人的本质是独立的、自由的，无论什么时候，都要找到自己想做的、喜欢做的事情，这非常重要。

你们也很期待跟外婆回老家的生活，对吗？你们是在城市里长大的孩子，从小在钢筋水泥的房子、街道上穿梭，到处整齐有序，人们的脚步匆忙，总有做不完的事，乡村跟城市完全不同，那里有更广阔的天地值得你们探索。这个时候回去，麦子已经开始变黄了，麦穗弯下沉甸甸的腰，你们还没见过真正的麦穗呢，这下可以好好感受风吹麦浪的情景。再过几天，收割机就要开进麦田割麦子了，第一次见到收割机的你们一定非常兴奋，你们可要抓住机会，坐到这威武的大家伙上体会一下丰收的喜悦。收割机收完后，那些偶尔遗漏的麦穗就该小孩子们大显身手了，你们可以拿着弯弯的镰刀试着把它割下来，一根一根摆放整齐，再捆起来，然后和大一些的哥哥姐姐把麦草拢起来，点燃一个小火堆，把拾来的麦穗扔进去，不一会儿就能听到噼噼啪啪麦粒崩开的声音，麦香也在空气中弥漫，把烤熟的麦穗拿到手里一搓，外壳全掉了，白白胖胖的烤麦粒就做好了，赶紧放进嘴里好好享用吧！吃饱了，你们也该去动一动了，麦草堆做的蹦床现在可很少见呢，赶紧跳上去玩个够！玩累了就在麦堆上随便那么一趟，看看蝴蝶、蜜蜂，听听鸟叫、虫鸣，多么有趣。对了，麻雀们该来找食吃了，你们可以试着撑起箩筐，如果你们的动作够快，还可以抓到小鸟呢，是不是很有趣？听妈妈这么一说，你们肯定恨不得马上回到老家，与妈妈分别的忧伤早就一扫而光了。

亲爱的孩子们，虽然妈妈在身边，陪伴你们最多的，也就是一起拉开窗帘，欣赏清晨的第一缕阳光，一起坐在同一张桌子上，吃一顿普普通通的早餐，但这样平淡无奇的人间烟火味少一天，都让人觉得遗憾。既然我们不得不短暂地分开，就让我们好好珍惜，妈妈相信，一切遇到的、拥有的，都是最好的时光，让我们好好把握当下，各自精彩生命的每一天！

最后，祝你们一路平安顺利！

写给将要上大班的你

赵闵楠

亲爱的儿子:

　　还记得第一次路过幼儿园时告诉你,等宝宝长大了,要上这个幼儿园哟! 之后,每次路过,你都会骄傲地指着说"这是我的幼儿园"。

　　还记得你第一天上幼儿园的样子,穿着漂亮的校服,背着崭新的书包,但是两眼泪汪汪。虽然万般不情愿,你还是挥挥手和妈妈告别。

　　还记得老师带你们参观过美丽的校园,你回来兴奋地说:"妈妈,你知道吗? 我们是小十一班,所以在一楼,明年我上中班就去二楼,大十一班在三楼。"

　　一转眼,你已经在美丽的兴华幼儿园度过了两个年头;提起幼儿园的老师和小朋友一脸的兴奋;也终于,可以到三楼的大十一班了。你长大了,是大哥哥啦! 妈妈既欣慰又骄傲。即将进入你憧憬的大班生活,妈妈有几个希望想要和宝贝共勉。

　　妈妈希望你能勇敢。勇敢地表达自己,说出自己的想法。记得在画画上课,老师要求你完成之后上台来向大家展示一下自己的作品。可是你总是不敢,每次都说下一次再分享,可是到了下一次,你又说下一次。那次,妈妈用了点"小手段",你终于勇敢地走上台,虽然表达没有那么完美,但是你做到了。下课之后,你高兴地对妈妈说:"妈妈我之前是因为好久没有上台分享,所以才不敢的。现在,我觉得分享也没有那么难。"你看,勇敢地去试一试，你就会发现，想象中的困难其实并没有那么难。同时，妈妈也希望你能勇敢地说"对不起"。妈妈知道，虽然"对不起"三个字很简单，但是要说出它是需要勇气的。每次犯了错误，妈妈能从你的眼神中看出，你已经知道自己做错了。但是，害羞和不安使你无法说出"对不起"三个字。宝贝，承认错误不丢人，每个人都会犯错。妈妈做错了事情，也会真诚地给宝贝说"对不起"，是不是？勇敢地说出它吧！

妈妈希望你能自信。一个有信心的人，确信能把事情做得很出色，相信自己能行。当一个人自信时，做任何事情都是那么有劲，好像拥有无限的力量和希望，看着眼前的事情都充满了喜悦。自信是奇妙的力量，它是生命的动力。宝贝，还记得你第一次上台讲故事吗？刚刚四岁的你，将故事完整地、声情并茂地演绎出来，还得了奖呢。还记得你主持全校的升旗仪式时那洪亮的声音吗？连园长都忍不住过来夸奖你。还记得你第一次表演音乐剧时的骄傲吗？全剧院的人都为你们鼓掌。我相信你一定还记得。但是，这些自信是哪里来的？是你站在舞台上的那一刻就自然而然得来的吗？不！自信是从你一遍遍的练习故事中来的，从语速到表情到手势，我们一遍遍来练；是从你发着烧、不断地咳嗽，但是仍然坚持不断地练习主持稿中来的；是从你每个星期都坚持学习三个小时，表演前的练习更是达到了一天6个小时中来的。宝贝，自信从来不是凭空而来，而是在不断地尝试、不断地修正、不断地进步中来的。妈妈很开心，在一次次的挑战中，虽然你也会闹情绪，虽然有时也会想要放弃，但是你坚持下来了，以后我们再接再厉。

妈妈希望你能更加热爱阅读。如果人的一生只能坚持做一件事情，那么妈妈希望你能坚持阅读。当你爱上阅读，你就学会了爱的方式，你会懂得爱自己、爱他人、爱生命、爱这个世界。在你六个月的时候，妈妈买了第一套儿童读物给你。从此，妈妈每天坚持给你读书。有多少个夜晚，我们两个头抵着头，一起阅读一本好书，兴奋的你总是不肯睡觉，央求着说，妈妈再读最后一本。就连我们外出旅行时也会带上两本你喜爱的书籍。遇见一本好书，我们兴高采烈；遇见喜欢的书，我们毫不犹豫地收入囊中；遇见一个好故事，我们为它着迷。可是，最近妈妈发现你的阅读兴趣有些下降，你更爱你的iPad了。妈妈不会反对你看iPad，因为我们学习也需要用到它。很多时候，它也是我们的得力小助手。但是，妈妈还是希望你能够多一些时间来阅读书籍。在这里，妈妈也要自我反省。妈妈要做到，在家时除了必要的工作，减少看手机的时间，多陪宝贝阅读，或者我们各自选择自己喜欢的书，坐在一起阅读，让阅读成为我们共同的爱好。

最后，妈妈还有很多很多的希望。但是，宝贝，不着急。妈妈陪着你，我们一起成长。

那平信一封

黎趣趣　余韶生

敬爱的父亲、母亲：

您们好！

女儿已平安抵达深圳家中，勿念。

近日忙着装修，在收拾旧物，整理旧照片之际，发现一张与大学舍友的合照，成长的一幕幕浮现于眼前。"羁鸟念旧林，池鱼思故渊"，许久未执笔手写书信，借此写一封家书，聊表感激父母之恩。

自从2002年离开校门，即奔赴深圳这个繁华都市就业执教，瞬间已近20年了。初期，因工作忙碌回家只是来去匆匆。返时带着企盼，走时一腔离情，无奈也。只为面见慰藉父母牵挂之心。只有如此。

过春风十里，尽荠麦青青。翻到了与先生的婚纱照，一张全家福，看到了16年前的你们还是那么的年轻，亲手将我依托给另一个人，相信你们也是万分的不舍。我结了婚、成了家，你俩又双双南漂来到深圳，为了减轻我们的工作负担，不辞劳苦，帮我们照顾两个孩子并料理家务，一待就是十多年，现在孩子大些了，工作又安排有序，二老年事高，该别太劳累，休养休养了。

抚今追昔，旧照滚动，看到了我5岁时和妈妈在工厂门口的留影，也看到了12岁的我和爸爸在丹霞山的合影，还有和工厂叔叔阿姨们去野炊的欢乐场景。璧月琼枝空夜夜，菊花人貌自年年，成长中的小片段随着照片的呈现又让我回到了我的童年。

我们的家其实并不算富裕，甚至可称贫寒，骨感的生活却让我能在满满的幸福中成长。小时候只是能隐约地感觉您们用辛勤劳作赚来的微薄工薪维持这个家，家中并不富丽堂皇，但每当尝到妈妈做的家常小菜却如此幸福满满。我们家在郊区，上学放学路途遥远，但下了晚自习，能够坐在爸爸的脚踏车后感受那份满满的踏实，感谢你们给予了我无忧无虑的童年。读大学时，由于开支增多，更是由于妈妈的一场车祸，让我们原本就不宽裕的生活更捉襟见肘。妈妈迫于伤势提前内退，爸爸也由于要照顾伤病母亲而迫于下岗。天，貌似一下子灰暗了。爸爸只能白天全职照顾母亲，晚上以值夜看仓等副业来贴补家用。当时一份薪水仅200元的工作也要接下来做，而且还要通宵熬夜。其中一个细节，听说石榴皮和田鸡骨头一起熬煮的偏方能帮助骨头快速恢复（妈妈当时被小轿车轧过身体，左边胸骨全部断裂，痛！），8块钱一个的石榴对于当时我们的家境真是天价，但是父亲都没有犹豫，打听到什么好都拿来尝试尝试，希望妈妈快快康复，这也是后来我们为什么都来深圳的前因，爸爸也算迫于无奈，南下打工。这一切女儿都铭记心中，只是无力报答父母的恩深似海，实觉惭愧。尽管如此，妈妈还是说："女儿，你好好读书就行，现在是困难一点儿，但都是我们自己有手有脚过的踏实日子，办法总比困难多，不怕。"这就是父母教育我正确对待困难。是的，我在生活中、岗位上，确实做到了用坚实的脚步一步一个脚印地稳步前进，所以也算稍有进取，不过除了自身的努力，也有着领导的关心支持和同事的相帮相助，我无限感激。今后加倍努力，索求真知，充实自己，更好工作，不被时潮抛弃。

后来的日子，也正如我手中的照片诉说的那样，越来越好了。爸爸，您看，您和妈妈在俄罗斯红场和士兵的合照，在乐山大佛的仰望，还有在雪乡两个老顽童打雪仗的嬉闹，别忘了还有在壶口瀑布的高声呐喊，都被我用镜头一一定格下来，我想这就是对于现在稳稳的幸福生活的最好诠释吧。

翻看到新家的装修照片，爸爸妈妈，在韶添置的新居，可满意吗？舒适吧？住下去好好享受安逸的生活，喜欢的时候随时来深住住，我们有空也会常回家看看，以共聚天伦之乐，假期我们再一道去外边走走，以浏览祖国河山和世界风光，以怡娱心身。

珍惜当下，不负流年，静默如初，不畏将来。我俩工作和孩子们都很好，勿劳远挂。

顺此敬祝

身体安康，生活愉快！

写给儿子的信

林 俐

大宝：

此刻你已沉沉入睡，听着你和弟弟均匀而轻柔的呼吸声，妈妈欣慰之余颇多感慨。这些日子爸爸回老家去照顾奶奶了，妈妈忙前忙后照顾你们哥俩，爸爸一直担心处在青春叛逆期的你，可能不会顾及妈妈辛劳，忙中添乱。未承想，这几天来你表现得超出平日的懂事，让妈妈欣喜又有点意外。看到你的成长与进步，妈妈想和你用文字聊一聊。

你的课外英语课程即将结束，考虑是否续费时我曾犹豫不决，这个机构的外教水平及班主任责任心这两方面确实让人满意，但课程内容的难度却较低于校内学习。索性我把选择权交给你，没想到你一副深思熟虑的模样道："这里的学费太贵了！我想去上学而思学奥数，对以后中考有帮助，现在竞争那么激烈。"听了这话我心里一怔，并没有因你的"懂事"感到高兴，反而冷汗直冒。我自认不是唯分数论的妈妈，但近几年深圳高中较低的录取率让我们难免焦虑。一定是我们在你面前或多或少地传递了这种焦虑情绪，让你心中悄然滋生了压力。这般的"懂事"有几分出自内心？有几分是为了迎合父母？

想起昨天陪你去参加创意写作比赛的赛前培训时，组委会负责人在家长会上特别强调：多数孩子的作文在家长的指导和修改下，变得套路满满，毫无孩童的真情实感与创新。曾经我们还在沾沾自喜，把你的作文结构修改得如此圆满与丰盈，未承想却是掐掉了孩子的本真。

　　大宝，你是爸爸妈妈的第一个孩子，在教育你的时候，爸爸妈妈也在学习着如何做好父母。我们对你充满期待，希望你懂事、通情达理，但内心里永远当你是我们可爱的孩子。大宝，你应该保有你自己的思想，敢于面对和表达！因为这个世界充满太多的"套路"，妈妈不希望在你涉世未深时，就早早洞悉这本不该属于你的俗世规则，请保有初心，做你自己！

　　记得有一次，妈妈因为钢琴老师的投诉，狠狠地批评了你，甚至生气地要中断你学琴。但是你哭着说要坚持，无论如何都要继续学下去。那一次，我感受到你的真心与决心，就一如既往地支持你到如今。我们从不苛求你成为郎朗第二，只是觉得，如果你喜欢，那么就遵从你的内心，认真对待，坚持下去。不为考级，或许只为长大后，当你感觉内心疲惫时，当你喜悦时，你能有音乐为伴，能安慰你，能表达你内心的情感。无论是弹琴还是学习，妈妈觉得都不需要太功利，学习固然重要，但这件事本身不能是为了迎合谁或者为了褒奖而为之的。你觉得学奥数会乐在其中，未尝不可，那就全情投入，学有所得，学有所悟，不要有压力，只为学而学。当然，如果你给自己立下重点中学的目标，爸爸妈妈也会支持你，给你鼓劲。有目标并为之努力的人生，一定会让你感激今天努力的自己！

　　夜已深，看着两个宝熟睡的样子，妈妈为生命美好而感动，愿你们依恋父母的美好时光能久一些，再久一些……

　　爱你们，我亲爱的宝！

写给翰辰和昕辰的信

段津津

亲爱的翰辰和昕辰：

我最最亲爱的宝贝，第一次以这样的方式和你们"隔空"对话，心里千思万绪，不经意间，鼻头微酸，竟在此刻双眼泛起泪花。在你们的妈妈没做母亲前，就非常喜欢小孩子，高二那年，遇见了你们的父亲，一路相互扶持，在满心期待中，婚后按计划迎来了你们兄妹俩，你们的到来，无疑让我们的家更完整、更有爱。你们的出现，让我和你们爸爸的每分每秒都过得如此充实，时间如白驹过隙，转眼间，哥哥5岁了，妹妹也马上满2岁。你们相处融洽时，妈妈心里犹如装了满满一罐的蜜，香甜而满足。妈妈起床会看到哥哥满脸宠溺地抱着妹妹的小脸蛋亲，妈妈会看到妹妹屁颠屁颠地跟在哥哥后面模仿他的每个动作，你们知道吗？这些时刻的妈妈多不希望你们长大，妈妈希望你们永远这么天真无邪地围绕在我身边。而你们吵闹时，妈妈心里又气又喜，气你们的调皮，喜你们的童真。宝贝们，相比于爸爸和妈妈，你们将拥有更丰富多彩的人生。对于这一点，我从不怀疑。爸妈希望你们在漫漫人生路上，永远保持一颗善良、向往美好的初心。即使你们的善良或许会伤害到自己，但我相信，更多的是让你们获得更多的爱与尊重。"人而好善，福虽未主，祸其远矣。"其次，希望你们对这个世界拥有不停歇的好奇心，用自己最大的能力去感受、去探索这个世界。最后，妈妈希望你们能终身学习，多读书、多思考，多向优秀的人学习。

亲爱的宝贝们，妈妈真心希望你们能一路相互扶持，健康快乐地成长。未来的路，你们好好大胆地走吧！而我们，会一直一直站在身后陪伴着你们，加油，我的宝贝们！